ÉTUDE HISTORIQUE

PASSÉ — PRÉSENT — AVENIR

L'ALSACE-LORRAINE

MARTYRE

ATTENTAT A LA MORALE INTERNATIONALE

Par Frédéric HAAS

de Sierentz (Haut-Rhin)

AVOCAT A LA COUR D'APPEL

> J'en appelle à Dieu, vengeur des justes causes ; j'en appelle à la postérité, qui nous jugera tous ; j'en appelle à tous les peuples, qui ne peuvent pas indéfiniment se laisser vendre comme un vil bétail ; j'en appelle enfin à l'épée de tous les gens de cœur qui, le plus tôt possible, déchireront ce détestable traité ! » (Vifs applaudissements.)
>
> (*Dernières paroles prononcées par M. E. Keller, député d'Alsace, à Bordeaux.*)

DEUXIÈME ÉDITION

Prix : 2 francs

au profit des Alsaciens et des Lorrains nécessiteux restés dans le pays

PARIS

E. LAZARUS, ÉDITEUR

8, rue Thévenot, 8

1872

L'ALSACE-LORRAINE MARTYRE

ATTENTAT A LA MORALE INTERNATIONALE

Magny en Vexin (Seine-et-Oise). — Imprimerie O. PETIT.

ÉTUDE HISTORIQUE

PASSÉ — PRÉSENT — AVENIR

L'ALSACE-LORRAINE

MARTYRE

ATTENTAT A LA MORALE INTERNATIONALE

Par Frédéric HAAS

de Sierentz (Haut-Rhin)

AVOCAT A LA COUR D'APPEL

> « J'en appelle à Dieu, vengeur des justes causes ; j'en appelle à la postérité, qui nous jugera tous ; j'en appelle à tous les peuples, qui ne peuvent pas indéfiniment se laisser vendre comme un vil bétail ; j'en appelle enfin à l'épée de tous les gens de cœur qui, le plus tôt possible, déchireront ce détestable traité ! » (Vifs applaudissements.)
>
> (*Dernières paroles prononcées par M. E. Keller, député d'Alsace, à Bordeaux.*)

Prix : 2 francs

au profit des Alsaciens et des Lorrains nécessiteux restés dans le pays

PARIS

E. LAZARUS, ÉDITEUR

8, rue Thévenot, 8

1872

A MON PÈRE

RECONNAISSANCE ET DÉVOUEMENT

En vous dédiant ces quelques modestes lignes écrites avec une plume trempée dans les larmes de l'Alsace, sous la dictée de mon âme naufragée, flottant, dans la barque de l'espérance, entre la tradition, l'histoire, les souvenirs, la justice et le droit outragés, s'appuyant sur une rame brisée, et décidée à lutter jusqu'au bout, je sens les griffes du vautour Bismark s'enfoncer dans mon cœur gaulois.

Je vois là-bas un patriotique et pieux vieillard déployer en secret, avec un religieux et effrayant silence, le saint et antique drapeau de 89, magique étendard de nos pères, dont le souvenir immortel fait trembler dans leur triomphe Bismark et la Prusse ; je vois cette poitrine gauloise se soulever et une larme, descendue d'un œil immobile, se perdre dans les plis d'une joue creusée par la vue de ce vieux coq de nos pères, qui, le pied cassé, l'aile pendante, se traîne comme un être redoutable traqué, blessé par des enfants cruels, heureux d'enfoncer leurs baguettes pointues dans ses blessures encore ouvertes.

Et maintenant que j'ai vu tout cela, il me reste à penser, hélas ! pour ma consolation, que le récit de ce voyage de Tolbiac à Sedan, fait à travers les souvenirs de notre pauvre Alsace, vous rencontrera en exil ! ! !.....

Mais courage !... Il ne sera pas dit que ce sombre oiseau des ténèbres qu'on appelle le désespoir viendra un soir mêler ses cris navrants aux chants des Teutons et des Germains, planer sur les champs de Wissembourg et de Reichshoffen, et laisser tomber de ses serres le patriotisme étouffé, à l'endroit même de cette tache de sang, à côté de cette pauvre croix qui nous rappellera la place où sont tombés, en tournant vers la patrie un dernier et suppliant regard, nos pauvres héros vaincus !

Au revoir ! ! !

FRÉDÉRIC HAAS,
avocat à la Cour d'appel.

Paris, 1ᵉʳ juillet 1872.

Les Enfants d'Alsace et de Lorraine

Aux Fils de France

La jeunesse ira d'âge en âge,
Parcourant des champs meurtriers,
Visiter en pèlerinage
Les mânes de nos vieux guerriers.

CASIMIR DELAVIGNE.

Guerre aux tyrans ! Soldats, le voici, ce clairon,
Qui des Perses jadis à glacé le courage !
Sortez par ce portique, il est d'heureux présage :
Póur revenir vainqueur, par là sortit Cimon ;
C'est là que de son père on suspendit l'image.
Partez, marchez, courez, vous courez au car-
C'est le chemin de Marathon !   [nage.

CASIMIR DELAVIGNE.

Dieu, patrie, liberté !.....

O vous, amis, qui avez survécu à la honte, portez, éternisez dans votre âme et le deuil de la patrie et la douleur de ceux qui la pleurent !... Mais, frères, préparez-vous à la venger si cruellement, non, si bravement, que vous enleviez à nos ennemis, quels qu'ils soient, la pensée de la flétrir encore !

Arrachez l'âme à ces meurtriers de vos frères ;

portez dans leurs foyers en joie le ravage et la mort qu'ils ont laissés dans les nôtres ; œil pour œil, dent pour dent, point de compassion : la mort ! la mort ! Non, les enfants de Charlemagne, de saint Louis, des martyrs de 89, ont horreur du bourreau et de ses œuvres, et soif de justice et d'humanité ; mais, ne pouvant vivre dans cette atmosphère de honte, ils frapperont, et ils frapperont juste.

Sapez impitoyablement les derniers vestiges de la féodalité ; portez au delà du Rhin, en échange de la mort de nos femmes, de nos enfants, et de la destruction de nos bibliothèques et de nos chefs-d'œuvre, la liberté, l'égalité, la fraternité, et la patrie sera vengée.

Alors, frères, nous serons encore avec vous au milieu de la mitraille ; et, quand nous serons tombés, vous passerez par-dessus nos cadavres, qui vous souriront encore pour augmenter votre force et votre courage. Alors, point de retraite ; en avant !

Si, ce qui n'arrivera pas, vous succombiez encore, que vos os blanchis, semés le long des chemins, servent de jalons à vos fils !

Rappelez au Germain vainqueur que, chez les descendants des guerriers de Clovis et des enfants de Tolbiac, chez les fils des croisés, la tête ne s'incline pas, mais qu'elle tombe !

1er juillet 1872.

Cher Lecteur

> Ce n'est pas en vain que la France nous appelle ;
> Et s'ils ont prétendu, par d'infâmes traités,
> Imprimer sur nos fronts une tache éternelle ;
> Si, de leur doigt superbe, ils marquent les cités
> Que veut se partager une ligue infidèle ;
> Si la foi des serments n'est qu'un garant trompeur ;
> Si, le glaive à la main, l'iniquité l'emporte ;
> Si la France n'est plus, si la patrie est morte,
> Mourons tous avec elle, ou rendons-lui l'honneur !
>
> CASIMIR DELAVIGNE.

L'auteur qui travaille sur une histoire générale trouve des routes aisées, libre de grossir son ouvrage d'un tissu de vérités qui ne sont pas contestées. En présence d'endroits hérissés, de faits douteux, il s'engage dans des voies plus aplanies et laisse derrière lui tout ce qui pourrait l'arrêter ou l'embarrasser, suivant pas à pas les guides experts qui lui ont frayé le chemin pour lui éviter les discussions et la lutte. Notre tâche n'est pas aussi facile. Engagé dans un sentier particulier, mais cher, il nous en faut suivre la direction, sous peine de ne pas arriver au but.

Nous entrerons dans cette voie, guidé par le désir de réveiller dans les esprits les anciens et glorieux souvenirs de cette province martyre. La vérité, nous ne la sacrifierons ni à notre ardent amour de la patrie, ni à notre douleur, que l'outrage fait à la morale évangélique, internationale et sociale, au droit des gens, à l'âme libre d'un peuple généreux, rendent si aiguë et si cuisante.

Nous oublierons pour un moment la rage qui nous envahit au souvenir de l'exil d'un père, d'une mère et d'une famille adorée, pour rappeler en quelques mots à tous les fils de France l'origine de l'Alsace et faire connaître le sort de cette province depuis la fuite d'Arioviste jusqu'à l'arrivée de M. de Moltke avec ses canons à Wissembourg et à Reichshoffen.

Nous parcourerons rapidement cette période de dix-neuf cent trente années, commencée en 58 avant Jésus-Christ et terminée en 1872, pendant laquelle nous verrons un peuple toujours fier, brave et généreux lutter, avec une énergie incomparable dans la vie des nations, pour son indépendance et sa liberté, dont elle ne fera le sacrifice qu'en disparaissant de la scène de l'histoire.

Il est bon que personne n'oublie que, tête de la Gaule, plus tard mérovingienne et carlovingienne, cette province n'a jamais été coiffée du casque germain que Julien, près de Strasbourg, Gratien, près de Colmar, Mac-Mahon, à

Reichshoffen, ont foulé aux pieds ; qu'elle est sortie d'une période de huit siècles de brigandage, de rapine et d'oppression, glorieux bagage des seigneurs et des empereurs, vierge de toute lâcheté, gauloise, c'est-à-dire avide de liberté ; que Munster, Nimègue, Ryswick, Rastadt et Bade ont vu, pendant le cours de près de quatre-vingts ans, mettre en mouvement tous les ressorts de la politique pour faire échouer les justes prétentions sur cette malheureuse province, dont les premiers crimes ont été les sentiments de son âme gauloise et la fertilité de son sol.

Nous avons pensé qu'après avoir montré à des Français cet otage de la patrie, garrotté, jugé au tribunal de Berlin sans défense, outragé dans ses sentiments les plus sacrés, il serait peut-être bon de faire connaître, dans un appendice, en quelques mots seulement, la géographie, la topographie et l'histoire des principales villes de cette province, où nos ancêtres, avec Clovis, ont écrasé les Germains surpris au pillage, où nos frères, nos amis, sont tombés hier, et où nous sommes appelés à suivre les traces glorieuses de nos pères, qui, sur les bords du Rhin, ont lutté, avec une âme gauloise, pendant plus d'un siècle, contre les aïeux avides et inquiétants de nos vainqueurs. Chacun alors ne voyait dans sa vie que l'utilité de sa mort pour la défense du sol et de l'indépendance sans cesse menacés.

La patrie de la *Marseillaise* a vu de bien mauvais

jours; aujourd'hui, enchaînée au trône de Berlin, caressée par les plis d'un drapeau qui a passé et repassé plus d'une fois le Rhin, elle agace, surexcite et déconcerte ses maîtres par le calme sublime de son courage et sa fierté gauloise. C'est là qu'après avoir chassé *le nouvel Arioviste* il nous faudra *mourir*. Mais apprenons avant à connaître notre tombeau pour l'aimer davantage, et disons à la France : « Patrie, à quoi bon tous ces partis, proclamés légitimes tant qu'ils règnent sur nos ruines, abattus l'un par l'autre, proscrivant ou proscrits, et tour à tour tyrans ou esclaves ! »

O Français, vous dites : « La France nous est chère. » Mais la patrie n'est-elle pas en droit de désavouer parfois votre amour? Votre mère, vous l'embrassez, mais, hélas! pour vous étouffer dans son sein.

O enfants, ne soyez pas ingrats ! Tournez vos poitrines contre les ennemis de la patrie, dont le sort est jeté dans la balance des vainqueurs, qui l'encensaient un jour dans leur esclavage et qui aujourd'hui lui marchandent la *liberté !*

INTRODUCTION

INTRODUCTION

—

« Des auteurs très-anciens ont souvent
choisi la forme élégiaque pour retracer les
malheurs des nations. C'est ainsi que
Tyrtée, dans ses élégies, avait décrit en
partie les guerres des Lacédémoniens et
des Messéniens ; Callinus, celles qui de
son temps affligèrent l'Ionie ; Mimnerme,
la bataille que les Smyrnéens livrèrent a
Gygès, roi de Lydie » (Anacharsis, ch. XI).

Une fois de plus, dans l'histoire de l'humanité, la force a primé le droit, et M. de Bismark lui-même l'a dit dans son discours du 2 mai.

Loin de s'arrêter après Sedan, ce despote d'un autre âge, chassant devant lui ses hordes en armes, tout fier de son empire de caserne, renouvelle le marché des peuples. Il regrette cependant que les aspirations alsaciennes et lorraines soient en désaccord avec les inflexibles nécessités de sa politique de fer.

Son roi, lui, le mystique émule de Tilly et de Vallenstein, dans sa réponse au Reichstag, dit, avec un cynisme renouvelé de ces chefs de reîtres et de pandours, qu'il ne souhaite même pas que ses nouveaux conquis soient heureux du changement.

Il faut reconnaître que le genre d'administration appliqué à ces deux provinces, l'heureux choix de leurs nouveaux fonctionnaires, véritables spécialités dans le genre féroce, ne sont pas faits pour donner un démenti à ces paternelles paroles.

L'école catholique du moyen âge disait : « *Reges propter populum, et non populus propter reges.* Les rois sont les serviteurs des peuples, et non les peuples ceux des rois. » Certes, ce n'est pas au roi piétiste, à l'empereur pharisien, qu'il faut rappeler cette maxime, si belle dans sa lumineuse vérité! Oh! non. Cet élu de Dieu, ce prince modeste qui, dans la salle des Glaces, à Versailles, acceptait hier avec douleur, sous la pression manifeste de ses alliés sincères, la couronne impériale, gracieux présent de son frère d'Autriche après Sadowa, a dû imposer à sa modestie bien connue un nouveau sacrifice. Oui, après de longues nuits de combat, Dieu et son prophète, M. de Bismark, ont enfin triomphé de son abnégation; il s'est douloureusement résigné à recevoir dans son cher empire l'Alsace-Lorraine.

L'histoire, qui ne saurait prévaloir contre la volonté des peuples, est invoquée par ceux de nos ennemis qui n'ont pas encore dépouillé toute pudeur: ils sont rares. Les plus nombreux, les gens du sabre, dédaignent ces discussions mesquines et invoquent, avec un froid cynisme, les nécessités stratégiques.

Nobles muses de l'histoire, muses de Thucydide et de Tacite, dans quel recoin obscur de vos annales cachez-vous cette infamie de la consécration de la force ?

Si, dans tous les temps, dans l'antiquité comme dans ce siècle, il s'est trouvé des rois, cela n'est rien, il s'est trouvé des peuples, ô honte! assez avilis pour baiser les mains du crime triomphant, ne les avez-vous pas marqués au front du triple sceau de la honte, de l'infamie, de la réprobation ?

S'il s'est rencontré, d'Hérodote aux historiens actuels, des êtres abjects, traitant l'histoire, écho sacré des siècles, avec aussi peu de respect que leur personne, ne leur avez-vous pas craché au visage en leur disant : « Prévaricateurs, vous avez menti à l'histoire, vous avez forfait à l'honneur ! »

Oui, vous avez menti, vous mentez encore, en excipant des nécessités stratégiques, ô penseurs, ô philosophes allemands ! Quant à l'histoire, l'ignorez-vous donc à ce point que vous ne sachiez que le plus pur sang des Gaulois coulait dans les veines des tribus rhénanes de la rive gauche, que partout et toujours les Gaulois rhénans ont été avec leurs frères des autres provinces contre les Teutons et les Germains, avec César contre Arioviste, avec Drusus et Germanicus contre Arminius.

Et, plus tard, dans les champs de Tolbiac, en 495, dans les légions de Clovis, n'ont-ils pas affirmé, en vous écrasant, leur désir d'être et de rester Francs ?

Évoquez les mânes de ces guerriers tombés en braves et interrogez ! Le vainqueur de Tolbiac et de Soissons répéterait, en contemplant les champs de Wissembourg et de Reichshoffen : « Que n'étais-je là avec mes Francs! »

Il y a, en morale comme en politique, des faits tellement au-dessous de cette limite où s'arrête la possibilité de tout jugement, de toute explication, de toute justification, et où commence l'atroce, le frisson de l'âme, qu'on ne saurait les rappeler sans commettre un crime de lèse-morale. Il répugne, à tout cœur qui sait encore rougir et souffrir, de faire l'honneur d'une injure à cette tentative d'assassinat des âmes, enregistrée, en lettres de sang, dans les annales de l'histoire sous le nom d'annexion de l'Alsace-Lorraine. Cette monstruosité politique et morale était reconnue naguère ; mais elle était d'un odieux moins révoltant qu'aujourd'hui ; car le peuple alors, le tiers-état, était un corps sans âme politique, ayant conscience de sa non-valeur, reconnaissant d'avance, se soumettant par système, et légitimant ainsi, par l'accession de son consentement au droit public d'alors, les volontés arbitraires des princes, disposant des âmes, créées libres, comme d'un vil troupeau. Aujourd'hui, ce peuple, de *rien* devenu *tout*, a lacéré ce linceul dans lequel on le tenait enveloppé ; qu'on s'en félicite ou qu'on s'en plaigne, il faut en prendre son parti. Quoi qu'on dise, les peuples sont, de droit, maîtres de leurs destinées. C'est à eux seuls que Dieu a donné le pouvoir et le droit de disposer d'eux-mêmes. C'est là la véritable notion du droit divin, d'après les écoles et les docteurs catholiques, tant décriés et méconnus par la philosophie de notre siècle. *La souveraineté populaire de ce droit divin*, ne l'ont-ils pas enseignée partout et toujours? Suivant saint Thomas, un peuple libre est celui qui peut disposer de lui-même : « *Libera multitudo quæ possit sibi ipsi legem facere.* »

Nous sommes heureux de constater ici que l'école catholique du moyen âge a toujours défendu ces principes et flétri ceux qui, dans leur ambition, ne craignaient pas de porter atteinte à la souveraineté des peuples.

Le cardinal Bellarmin, une des grandes lumières de la théologie au seizième siècle, s'exprimait en ces termes :

« *Hanc potestatem immediate esse tanquam in subjecto, in tota multitudine, nam hæc potestas est de jure divino. At jus divinum nulli homini particulari dedit hanc potestatem; ergo dedit multitudini.* »

Entendez-vous?.... *multitudini.*

Suarès, l'un des plus grands et des plus sûrs théologiens du seizième siècle, enseigne les mêmes principes dans la défense de Bellarmin, attaqué par Jacques, roi d'Angleterre : « *Discendum ergo hanc potestatem ex solâ rei naturâ in nullo singulari homine existere, sed in hominum collectione...* » Et plus loin : « *Ideoque ex vitalis donationis non est hæc potestas in unâ personâ, neque in peculiari congregatione multorum, sed in toto pecfecto populo seu corpore communitatis. Nulli homini dedit Deus immediate talem potestatem donec per institutionem vel electionem humanam in aliquam transferatur* » (liv. III, ch. 4, nº 5, *De legibus*).

Dans son ouvrage *Def. fid.* (liv. III, ch. 3), il prouve clairement que la souveraineté populaire est de *droit naturel* et, par conséquent, de *droit divin.*

Nous pourrions citer de nombreux textes de saint Thomas à l'appui de ceux des grands théologiens que nous avons étudiés pour confondre un jour, devant la vérité outragée, la mauvaise foi des ennemis de la véritable souveraineté du peuple : « *Si enim sit libera multitudo quœ possit sibi legem facere plus est consensus tótius multitudinis ad aliquid observandum, quam auctoritas principis qui non habet potestatem contendi legem, nisi in quantum gerit personam multitudinis* » (saint Thomas, *Sum. Th.*).

Nous pourrions citer aussi de nombreux théologiens allemands du dix-septième et du dix-huitième siècle, consulter le livre (*De legibus*, I, c. 1) du jésuite Busembaum, celui du dominicain français Billuart (*De legibus*), celui de Bianchi, Italien (t. I, c. 4, nos 5 et 12).

Selon Fénelon, le bon, la puissance temporelle vient de la nation (*Œuvres*, XXII, p. 583, édit. de Versailles).

Et le grand Bossuet n'a-t-il pas dit : « *Regum potestatem non ita esse adeo, quin sit a populorum consensu; quœ nemo negaverit.* »

La reconnaissez-vous là, philosophes allemands, cette *Sëlbst-Bestimmung der Vœlker*, que vous traînez dans le sang, qu'on peut traduire par l'autonomie des peuples, autonomie civile, autonomie politique, autonomie internationale? Les limites de cette autonomie des peuples se confondent avec les limites générales d'une nation ou de la société internationale elle-même, en vertu du principe fondamental de droit naturel qu'un droit inférieur doit toujours céder devant un droit supérieur. C'est ainsi que l'autonomie de la commune est limitée par le droit plus général de l'État, et l'autonomie de tel peuple par l'intérêt plus général aussi de toute l'Europe. En dehors, autonomie complète, et quiconque la viole par un abus de la force, et malgré la volonté authentiquement exprimée des peuples, se rend coupable d'un crime de lèse-souveraineté populaire, véritable souveraineté de droit divin.

Mais les lois du traité et de la foi jurée? On ne saurait les invoquer sans fouler aux pieds les principes immuables du droit et de la justice. *Un contrat où l'une des parties contractantes n'a pas été libre est nul de plein droit.* Personne ne se sentirait obligé vis-à-vis d'un voleur qui, le couteau sur la gorge, vous aurait arraché la promesse de ne pas le livrer à la justice. L'essence de tout engagement est avant tout, pour ceux qui le prennent, la liberté de le prendre ou de ne pas le prendre. Citerons-nous le cas de la France? Non.

Il y a dans l'ordre moral certains commentaires, certaines réflexions sur des faits accomplis qui, loin d'abaisser, élèvent; le silence, parfois, seul est puissant.

Voyons, ô le plus humain, le plus juste, le plus prussien des diplomates, par quel intérêt européen plus général, plus légitime, avez-vous sanctionné ce crime de lèse-souveraineté populaire, accompli sans doute à la grande satisfaction des Alsaciens, comme vous l'avez avoué ouvertement, pour ne pas dire cyniquement, dans votre harangue du 2 mai, au Reichstag. Répondez, monsieur de Bismark. La justice, la morale, l'humanité de l'Europe vous écoutent!

L'âme du voyageur perdu dans le désert se fatigue surtout de cet écœurant vide du beau. De même notre âme, dans ce nouveau désert d'abominations et d'atrocités cyniques qu'on appelle le *traité de paix* et qui n'est qu'une strangulation morale, fatiguée aussi par le vide de l'honnête, du digne, de l'humain et du juste, se replie sur elle-même, navrée, confondue, mais non écrasée sous cet abus brutal du droit de conquête, d'autant plus odieux aujourd'hui, qu'il n'est plus possible

de faire abstraction de la volonté des populations.
Si jadis elles se laissaient trafiquer et reconnais-
saient par leur silence la légitimité du trafic qu'on
faisaitt d'elles, elles ont aujourd'hui le droit non
moins certain de ne plus vouloir se laisser négo-
cier comme un troupeau; et, par conséquent, la
seule chose qui naguère pouvait encore justifier
ou légitimer le droit de conquête, c'était la reconnaissance au moins implicite de sa légitimité par
les nations. Or, cela n'est plus; ne tirant sa légitimité que du consentement des peuples, cette
légitimité meurt avec ce consentement dont les
peuples sont et resteront les maîtres souverains.
Cela pouvait ne pas être la volonté de Dieu. Donc
le droit de conquête pure et simple légitime aussi
le droit de *revanche* pure et simple. C'est ainsi,
hélas! que se perpétuent les prétentions contra-
dictoires, quand la force seule décide en dernier
ressort. Là où elle règne en maîtresse, la victoire
est l'unique source de la légitimité; et, à l'égard
de l'Allemagne, la France aura toujours les mêmes
droits que l'Allemagne s'est si brutalement arro-
gés.

On a beaucoup parlé de la courtoisie, du désintéressement de ce peuple, qui prétend avoir trouvé la pierre philosophale de la civilisation.

Froissard, dans sa *Chronique* (ch. III, p. 70), nous dit : « *La coutume des Allemands, ni leur courtoisie, n'est point telle, car ils n'ont pitié ny mercy de nuls gentilshommes, s'ils échoient en leurs mains prisonniers, mais les rançonnent de toutes leurs finances et les mettent en fers et plus étroites prisons qu'ils peuvent pour estorder plus grande rançon.* »

Célèbre chroniqueur et poète de Valenciennes, vous qui êtes allé visiter les peuples pour apprendre à la postérité et leurs mœurs et leurs caractères, combien la conduite pleine d'humanité et de courtoisie à l'égard des francs-tireurs faits prisonniers et de nombre de villages incendiés avec la torche de la haine et de la vengeance prouve aujourd'hui, à cinq cents ans de distance, la véracité de votre appréciation, qui chasse la Prusse, confondue, du champ de la civilisation !

Ah ! que le cri d'indignation de Bastiat, poussé avec l'énergie d'une douleur poignante, saisit aujourd'hui le cœur de la patrie, en songeant à ses ruines et à ses filles en otage ! « Hommes de spoliation, vous qui, de force ou de ruse, au mépris des lois ou par l'intermédiaire des lois, vous engraissez de la substance des peuples, vous qui vivez des erreurs que vous répandez, des guerres que vous allumez, des entraves que vous imposez, vous qui vous faites payer pour créer des obstacles, afin d'avoir ensuite l'occasion de vous faire payer pour en lever une partie, manifestation vivante de l'égoïsme, oppresseurs, spoliateurs, contemteurs de la justice, vous ne pouvez entrer dans l'harmonie universelle, puisque c'est vous qui la troublez! » (Bastiat, *Harmonies*, p. 16.)

Trouver son bien en écrasant son prochain, rentrer le plus profondément en soi-même pour se nourrir d'autrui, tel était l'ancien principe du monde, du monde païen, aveugle et égoïste. Le Christ a jugé ce principe; il a commencé à l'extirper de l'âme de la société et de la vie des peuples et des individus; seule sa doctrine peut continuer à l'expulser du sein des peuples. C'était l'hydre infecte et méchante contre laquelle l'homme avait à défendre cette terre que Dieu lui a donnée à cultiver et à garder.

« L'éternel Dieu prit donc l'homme et le

plaça dans le jardin de l'Éden pour le cultiver et lé garder (1). »

Après avoir tout bouleversé et infecté, le principe homicide et menteur se traînait, râlant, à travers les peuples et les siècles, blessé au cœur par la flèche du christianisme ; il avait tout empoisonné, tout sali sur son passage, et peut-être allait-il mourir, lorsque naguère il fut tiré de son sang. Aujourd'hui, de nouveau il lutte contre l'Évangile, esprit de paix, de conciliation, d'amour, de liberté, d'égalité et de fraternité.

Malgré la puissance de cette vérité, que la lutte ou l'accord sont la destruction ou la multiplication des vraies forces de l'humanité, que marcher dans l'accord est le commencement de cet universel essor des forces qui est pour l'homme la liberté par et dans la loi, les peuples ne s'avanceront pas encore vers l'accomplissement de la seconde grande tâche du genre humain, *disposer tout le globe terrestre dans la justice et l'équité.* On ne l'a pas voulu.

« Cessez donc de vouloir dévorer autrui, et

(1) *Gen.*, ii, 15.

prenez garde qu'en voulant dévorer, vous ne soyez consumés vous-mêmes et anéantis l'un par l'autre. » Ainsi parlait saint Paul.

M. de Bismark aurait dû au moins se rappeler, nous ne disons pas l'universelle et immuable loi de l'Évangile, mais les paroles d'un ancien, s'écriant, dans le feu d'une sainte conviction : « Il y a une loi vraie, une loie absolue, présente dans toutes les âmes, en tous temps, en tous lieux ; avec cette loi, nul compromis, aucune dérogation sur aucun point. Ni peuple ni sénat n'en saurait délier. Elle n'est pas différente pour Rome et pour Athènes (1). » Oui, elle est la même pour Berlin et pour Versailles, avant et après Sedan. Quiconque la viole se fuit lui-même et se dévoue aux derniers châtiments.

Cicéron disait, un siècle avant Jésus-Christ : « C'est par la justice absolue et par la justice seule que les États peuvent être gouvernés. » Et, en 1871, une nation soi-disant chrétienne, qui se proclame la plus avancée dans le chemin

____

(1) Cicéron.

de la civilisation, a dit, par l'organe du prince
de Bismark : « La justice absolue, celle que nous
entendons appliquer aux peuples, c'est le dernier
coup de canon tiré dans les champs de Sadowa,
c'est l'incendie de pauvres et innocents hameaux,
c'est l'œuvre blâmable de Louvois à Heidelberg
vengée par l'anéantissement de la plus riche
bibliothèque du monde et les cendres de Saint-
Cloud, c'est le dernier obus lancé des hauteurs de
Châtillon, bref, c'est une province gauloise traînée
aux pieds d'un prince germain, et condamnée
à chanter ses louanges ou à mourir. »

Mais bientôt :

> On verra la France, animée
> D'un souvenir triste et pieux,
> Combattre et vaincre aux mêmes lieux
> Pour ensevelir son armée.

LIVRE PREMIER

Inaliénabilité du droit des âmes — La souveraineté du peuple
proclamée et défendue par l'Église — Arguments stratégiques
M. de Bismark et le parti de la paix en Europe — Attentat à la morale
internationale — Complicité de l'Europe

La possession de l'Alsace et de Metz, a dit la Prusse, *est nécessaire à la sécurité de l'Allemagne.* Chassés de leur dernier retranchement dans la controverse morale, nos vainqueurs se retranchent derrière cette proposition d'où nous n'aurons pas de peine, armé de la bonne foi et de la logique, à les déloger, vaincus et flétris.

Metz, une ville prussienne ! Triste réalité, d'un anachronisme vraiment étrange au dix-neuvième siècle : un peuple se disant civilisé, faisant peser un joug étranger sur un autre peuple civilisé! Grave et menaçant procédé pour le repos de l'Europe !

Personne n'ignore, d'abord, que Metz et les villages avoisinants, aussi bien que Thionville, sont aussi français que Bordeaux et le département de la Gironde, par la langue, le caractère et le sentiment national; que l'Alsace, y compris Strasbourg, est française de cœur et d'âme, et que cette malheureuse province se regarde comme partie intégrante de la France, à laquelle la lie son incontestable origine.

On aurait cru que l'Europe en avait assez de ces questions de nationalité opprimée, sans en ajouter une autre à la liste.

Le prince de Bismark a la réputation d'être un homme d'État consommé. Il est certain pourtant qu'un homme d'État sage, faisant la paix avec un ennemi, s'attacherait, s'il désirait une longue paix, à écarter tout prétexte de guerre. Néanmoins, nous voyons le plus habile diplomate du jour, ce qui ne veut pas dire le plus honnête, imposer des conditions astucieusement calculées pour empêcher la possibilité du maintien de la paix. M. de Bismark ne laisse pas un prétexte, mais il lègue à la postérité une si incontestable cause de guerre, que ce conflit fatal devient justice et droit. Les ennemis du sang par humanité ou par système proclament hautement la cruelle et brutale nécessité du combat, et les plus nobles ont déjà fait le sacrifice tacite et anticipé de leur vie à l'affranchissement de compatriotes martyrs.

M. de Bismark a dissipé les dernières illusions du
parti de la paix. Il a établi une situation telle, que
les meilleurs sentiments sanctionnent une tentative
faite pour le recouvrement des provinces ravies
et l'affranchissement des âmes.

Si le chancelier de la Confédération du Nord avait
connu le bon aussi bien que le mauvais côté de la
France, il aurait dû savoir qu'il y a eu un moment
où le parti pacifique prenait chez nous une extension considérable.

Quant à l'élément démocratique, on ne pouvait
s'attendre à ce qu'il le prît en considération. L'ordre
d'idées qu'il représente est dans un antagonisme
mortel avec la doctrine inquiétante de la démocratie moderne. Frondeur, jadis ami de la rapière,
l'ancien étudiant n'a pas changé de goût; mutiler
un individu ou une nation est pour lui un titre
de gloire. La démocratie, elle, enseigne la fraternité
des peuples, maudit les guerres entreprises dans un
but de domination, de vanité et d'ambition. Si le
prince de Bismark avait daigné tenir compte, dans
ses calculs, du pouvoir démocratique, il aurait reconnu le zèle religieux avec lequel il luttait, en
France, pour les idées pacifiques.

Si la société et les individus bénéficient de la moralité sociale, la moralité internationale, méprisée,
bafouée par l'élément diplomate et militaire, profite
toujours aux nations. Il viendra un temps où les
baïonnettes se briseront contre les *idées*.

L'Allemagne aurait eu un bien plus grand intérêt

à accorder à la France des conditions compatibles avec la morale, la justice et l'humanité, qu'à garrotter cette vaincue et à essayer de la traîner à l'abattoir en lui enlevant ses plus fidèles enfants. La justice aurait été satisfaite si la convention intervenue entre les belligérants avait eu pour base : 1° le démantèlement des fortifications de Metz et de Strasbourg pendant un certain laps de temps ; 2° une indemnité de guerre modérée. Pour la question de concession de territoire, en admettant qu'elle ait été soulevée, elle aurait été réglée naturellement par les vœux des habitants.

Si de telles conditions avaient servi de dénouement à la guerre, le parti pacifique serait devenu prépondérant, au mépris éternel, peut-être, du parti affamé de sang et de gloire. L'Allemagne pouvait donner à l'Europe étonnée un gage de grandeur et de civilisation. Elle a eu soin, au contraire, d'inscrire en lettres ineffaçables, sur le livre de l'histoire, son avidité brutale, au mépris de la justice et du droit des gens. Si elle avait su profiter du moment opportun et allier au drapeau de la force militaire le noble drapeau de la morale internationale, elle donnait à l'Europe la paix, à son propre peuple le respect de lui-même et à l'humanité un exemple de sublime grandeur.

C'est alors qu'elle aurait pu tenter la formation d'une ligue universelle de la paix. Toutes les grandes nations de l'Europe y seraient entrées volontiers.

Quand parfois nous entrevoyons l'ange de la paix,
la robe tachée de ce sang qu'il n'a pu empêcher de
couler, lutter sur l'océan de l'Europe comme un
pauvre navire sans pilote contre la fureur et la violence des passions soulevées par le vent de la haine
et de la vengeance, nous ne pouvons nous empêcher
de sourire en entendant parler de ces projets
de Gastein ayant pour but de former une ligue pacifique. Le prince de Bismark avait terrassé son ennemi héréditaire, non à coups de rapière, mais à coups
de canon; car il pouvait y avoir danger à s'approcher des enfants de Clovis. Le souvenir de Tolbiac
lui avait peut-être inspiré l'idée prussienne de lan-
cer la mort à deux lieues; devant cette bravoure
lointaine, grandissant en raison directe du carré de
la distance, il fallait fléchir et mourir. C'en était fait.

Le vainqueur, joyeux, non content d'user de son
droit, limité par l'humanité et la justice, emmène
en otage l'enfant du vaincu, comme garantie de sa
bonne conduite future, puis fait un appel à la société
pour se défendre contre les malfaiteurs.

L'occasion unique de jeter les bases d'une paix
européenne durable, le prince de Bismark n'a pas
voulu la saisir.

Ignorant, méprisant les idées modernes, entraîné
dans son ambition victorieuse, recouverte adroitement et savamment du manteau du patriotisme,
conduit par des motifs mesquins et un misérable système d'expédients, il a allié, dans sa conduite avec
la France, l'esprit d'un de ces vils barons du moyen

âge, dont la présence a si longtemps infecté l'Alsace, à celui de quelque Shylock, *demandant*, comme le dit éloquemment le capitaine Maxse, *son poids de chair*.

Allez, Germains, revendiquer à travers le monde la première place au ban de l'humanité. Vous êtes jugés. Et, quoi que vous fassiez, l'histoire, qui ne s'endort jamais sur les infamies et les vertus des peuples, a pris acte de votre crime.

Adieu, ô espérance de la paix, douce et généreuse illusion, vous ne caresserez plus notre âme, hier fatiguée de luttes et de haineuses discordes, mais aujourd'hui avide de sang et de carnage.

La possession de Metz et de l'Alsace par les Allemands du Nord est nécessaire à la sécurité de l'Allemagne. Jusques à quand, monsieur de Bismark, abuserez-vous de l'aveugle complaisance et de la bonne foi de l'Europe ?

Nos actions sont bien ou mal jugées par la conscience publique, selon qu'elles sont en accord ou en désaccord avec la raison, de telle sorte qu'on peut induire de cet accord ou de cette opposition leur véritable valeur morale. Ainsi elles sont proclamées méritantes ou abjectes, acceptées ou repoussées ; mais, hélas! nous sommes tellement habitués au spectacle du mal, qu'il nous paraît parfois explicable, sinon acceptable, tout en le blâmant comme contraire à la raison.

Mais ce qui ne paraît jamais naturel, ce qui ne saurait admettre de circonstances atténuantes, ce que nous ne comprendrons jamais, ce qui ne

nous inspirera jamais la moindre indulgence, c'est
le mal prémédité, froidement, cyniquement, et dé-
coré, une fois accompli, des dehors séduisants du
bienfait et de la justice. Ah! non, jamais, l'hypocri-
sie ne trouvera grâce devant le tribunal de la conscience publique; le cœur humain n'aura jamais
qu'une voix pour la flétrir. S'il n'y a pas de crime
assez noir, assez odieux, sans qu'une voix puisse
s'élever et crier miséricorde, l'attentat, enveloppé
dans les plis du manteau de l'astuce, n'a jamais
trouvé une défense convaincue. Il y a une loi du
cœur humain qui s'y oppose. Vous vous êtes préparé
scientifiquement à vaincre la France, ce qu'à Dieu ne
plaise, vous avez su choisir le moment, et vous avez
porté votre coup à vous. Tout cela est un fait accompli, un fait malheureusement encore admis dans
la politique de fer et de mensonge de notre siècle,
un fait explicable, compréhensible, au point de vue
des passions qui vous animaient alors. Mais ce qui
ne se comprend pas, ce qui révoltera toujours la
conscience historique, vous le savez, vous le sentez
bien, nous entendons parler du vernis patriotique de
cette astucieuse proposition : *la possession de Metz
et de l'Alsace est nécessaire à la sécurité des Allemands*, de cette proposition si durement prussienne,
dont vous avez essayé de couvrir votre œuvre, ac-
complie à l'aide de Krupp et de la faim, en outra-
geant la morale et la justice internationale.

L'argument stratégique, comme nous l'avons dit
plus haut, est, pour les disciples du grand maître,

ce qu'était, aux temps de la féodalité, la tour élevée dans la cour même du château, dans le haut de laquelle le seigneur vaincu, voyant l'enceinte forcée et ses hommes affolés, se précipitait comme dans un dernier *refugium*, d'où il détachait une grosse pierre dont le poids et le volume écrasait, par sa marche en spirale, tout ce qui se rencontrait sur son passage. Mais aujourd'hui le prince de Birmark cherche en vain la grosse pierre des castels d'autrefois. Avec une effronterie qui serait risible, s'il était possible de rire en présence de l'arrangement d'une si triste tragédie, les partisans de la politique du chancelier nous renvoient au général de Moltke, arbitre suprême. C'est à son jugement calme et impartial qu'il faut s'en rapporter pour régler toute cette question. C'est à lui que les intérêts de la France, de l'Europe, du monde, doivent être confiés en toute sécurité.

Trahies dans ce duel, les considérations morales s'inclinent, violées et non vaincues devant les arguments militaires. Ce n'est ni plus ni moins que l'abandon volontaire de la moralité, comme base pratique, servant à régler les rapports des grandes nations européennes. C'est un appel ouvert à la force brutale. C'est la suppression du droit et le triomphe de la force. C'est un attentat à la justice internationale, une tentative d'assassinat commise sur l'âme d'un peuple.

Les conditions de paix doivent être réglées par l'homme qui a pour profession de faire la guerre. Soldat, général en chef, le compas en main, accroupi

sur la carte de France, il n'a pas à s'inquiéter du côté
moral, de la justice, bref, de la volonté des âmes ; tout
cela n'a aucun rapport avec ses calculs. Mais la
question morale est embarrassante, et on en réfère au
général de Moltke. Il n'a à s'occuper, lui, que des nations en état de guerre ; les causes de la lutte regardent le département du prince de Bismark.

Pour le général de Moltke, il n'y a plus de nations,
mais des machines de guerre engagées constamment
dans de mortels conflits.

Le pays, pour ce héros, c'est la nation, avec
sa grande âme dont la manifestation se lit dans
la sympathie ou l'antipathie de ces grandes questions de morale, d'humanité, de droit, de liberté
et de justice?... Vous vous trompez! Du terrain, un
champ de manœuvre, des éminences pour l'artillerie,
des plaines pour les mouvements de la cavalerie, des
forêts, des ravins pour cacher l'infanterie, voilà le
pays pour ce faux Bonaparte. Ici il y a un défilé à
défendre, là une armée peut trouver un point d'appui
pour maintenir ses communications ; ces villages
avec leurs habitants sont de simples obstacles. Mais
ces habitants sont des hommes, mais ces hommes ont
une âme sacrée, inviolable !... N'importe ! tout cela
peut servir d'obstacles. La stratégie, elle, n'a
pas à compter avec les âmes. Voilà le pays pour le
général de Moltke !

C'est cet esprit exclusif, impitoyable et agressif,
mathématiquement inhumain, qui est appelé à déci-
der si la France, provoquée, surprise et affolée, mais

non vaincue par l'Allemagne, ne pourrait pas, dans l'avenir, tirer un avantage stratégique de la position d'une de ses forteresses situées à quelques lieues à l'intérieur du territoire allemand? La réponse du général, on la connaissait d'avance, et si la même question lui avait été posée au sujet de Toul ou d'une autre place forte plus rapprochée de la France, la réponse de M. de Moltke eût été celle du soldat, du général consulté au sujet de Strasbourg et de Metz.

L'histoire a enregistré ce fait au bas de la liste de ceux qui n'admettent aucune discussion et qui sont jugés par eux-mêmes. Nous ne discuterons pas la valeur des arguments stratégiques. Nous nous contenterons de *souffrir* et d'*espérer*. Telle sera notre devise.

Le ciel peut-être ne sera pas trop haut pour nos prières; elles pourront y parvenir. Alors nous aurons l'immense consolation de voir ici-bas le commencement de cette sanction morale, qui ne saurait se terminer que dans l'éternité, dans Dieu lui-même, contre lequel les arguments stratégiques sanctionnés par un roi piétiste ne prévaudront pas.

Il y a des douleurs écrasantes qui vivent de notre vie morale; nous les portons avec nous, comme une vipère; mais quand il faut parler, quand il faut fendre notre âme, en extraire le reptile et le jeter sous les yeux des passants, ah! alors, le courage nous manque, nous sommes abattus, vaincus. Nous nous tairons donc et nous nous contenterons de respirer du cœur vers le ciel, seule patrie qu'ils ne voleront pas.

Quelques mots seulement. Il y a six ans, les forts de Saint-Quentin, de Saint-Julien, de Flapeville et de Queuleu, qui couronnent maintenant les hauteurs environnant la ville de Metz et la rendent imprenable, n'existaient pas. Quelques tonnes de poudre, et ces hauteurs avec leurs objections stratégiques n'existeraient plus. Metz deviendrait aussi accessible à une armée d'invasion que Nancy.

Si toutes les hauteurs peuvent devenir des points stratégiques importants, grâce aux travaux du génie, elles ne domineront pas une ville si belle, si pittoresque et si patriotique.

Si le pavillon de la France flottait sur Metz, la sécurité de la grande patrie allemande ne serait qu'un leurre. Metz ville allemande, l'Allemagne, ou, pour dire vrai, la Prusse, s'endort sur ses millions, tranquille et grande derrière ce formidable rempart.

Mais Conflans, Nancy, Toul ou Lunéville, villes et villages où ne flotte pas le drapeau de la Confédération du Nord, pourraient en peu de temps devenir plus formidables que Metz. Toul pourrait devenir un Gibraltar, et grâce à la configuration du terrain et à la portée actuelle des canons, un point stratégique autrement redoutable que Metz, où tout l'artificiel, l'exceptionnel, le dangereux pourrait être détruit.

Pauvres vainqueurs ! où n'allez-vous pas chercher la légitimation de cet outrage ineffaçable, fait l'épée à la main, le revolver au poing, la dague entre les dents, à ce qu'il y a de plus sacré, de plus invincible dans notre âme.

L'Allemagne, gardée comme elle l'est par des frontières naturelles très-fortes, hérissée de puissantes fortifications, déclare, à sa honte, qu'elle ne peut se sentir en sûreté à moins de rester à perpétuité en possession d'une ville française éloignée de trente lieues à l'intérieur du territoire. Jamais prétexte plus hypocrite ne fut mis en avant pour dépouiller une victime.

Arrachons ce léger voile, ce masque qui nous cache la vérité de cette comédie stratégiquement immorale, de cette farce prussienne, et nous reconnaîtrons, dans la plus révoltante nudité, ces deux antiques ennemis de l'humanité, *la vengeance* et *l'esprit de conquête*, autrefois rampant dans l'ombre, et aujourd'hui adulés, couverts d'un casque, enveloppés dans les plis d'un drapeau, et caressés par les sourires diplomatiques.

L'Allemagne, c'est-à-dire la Prusse, a voulu donner à l'Europe une marque palpable de sa grandeur d'âme, impliquant une civilisation élevée. Elle a voulu que ce siècle portât le cachet indélébile de sa force et de son humanité, et elle a essayé d'infliger à la France une humiliation perpétuelle, de satisfaire ainsi sa soif de vengeance nationale, *œil pour œil, dent pour dent*, et les appétits féroces de sa cupidité.

Un correspondant de l'armée allemande s'exprimait en ces termes : « Vraiment, c'est une ville merveilleuse, une ville pour la possession de laquelle on n'hésite pas à tout risquer, pour laquelle on combattrait volontiers jusqu'au dernier homme dans le dernier fossé. Maintenant que l'armée l'a vue, il serait mal avisé, celui qui voudrait insinuer qu'il faut lâcher la proie. *Rien n'a tant affermi Bismark dans ses prétentions relatives à la cession d'une partie de la Lorraine, que cette occasion offerte à l'armée de voir et d'admirer Metz.* »

Voilà enfin l'x de ce problème stratégique que les seuls initiés à l'art pouvaient comprendre et résoudre. Une telle proie, tant admirée, ne saurait être abandonnée. La possession de Metz légitime tous les sacrifices. Périssent cinquante mille habitants dans la revendication d'une patrie de leur choix ! N'importe! Metz fera oublier aux Allemands les blessures de la guerre.

Milan aussi est une ville ravissante, ornée d'une cathédrale plus élégante que celle de Metz : qu'a-t-elle rapporté, cette ville martyre, à ses possesseurs illégitimes? quelle a été la conséquence de cette profanation du droit des âmes ? L'histoire l'a dit.

Les conditions dictées à la France à la pointe de l'épée ont outragé l'Europe dans la profanation des principes constitutifs, sacrés et immuables de la loi morale. Hélas ! il s'envole, l'ange de la paix ; notre âme inquiète et troublée voudrait l'arrêter dans sa fuite. Les paroles de M. de Bismark, déclarant que les conditions ont été formulées, non en vue de la continuation de la paix, mais bien en vue de la continuation de la guerre, l'ont frappé au cœur. Il est parti après nous avoir souri et tourné nos âmes vers un horizon nouveau : un point du ciel ; il est parti, hélas ! et peut-être pour longtemps. C'était cependant bien dans la crèche de l'âme de la France qu'il était descendu du ciel ; il en avait pris possession, il s'y plaisait et nous annonçait l'arrivée prochaine de ses sœurs, la liberté et la fraternité. Qu'avez-vous fait, monsieur de Bismark?... Que dirons les siècles à venir?... Que dira l'Allemagne future ?.... Comment accueillera-t-elle ce legs écrasant?...

Le penseur, l'homme convaincu qu'il y a un certain mérite à consacrer sa vie à l'amélioration des hommes, le philosophe scrutateur des différentes époques de l'histoire de l'humanité, arrivé à croire d'abord à la victoire forcée de l'esprit sur la matière, au triomphe progressif du bien sur le mal, à l'impossibilité du retour et des procédés barbares répudiés par l'opinion publique et de la tentative d'assassinat moral, puis au respect de la justice et du droit des gens dans les traités, et enfin aux preuves de générosité, d'humanité et de réconciliation mutuelle, vous avez désillusionné tout le monde.

L'Europe, aujourd'hui, appelle spoliation illégale le traité imposé par la Prusse à la France, surprise et affolée de terreur par cette avalanche germanique; et cependant la moralité publique a tellement baissé, qu'aucune nation n'a senti la nécessité et le devoir de placer, au moins pour mention, une seule protestation. L'Angleterre, considérée hier comme le berceau de toute opinion européenne vraiment saine, a assisté à ce duel ; elle a vu l'un des combattants reculer, prendre haleine, puis tomber, frappé dans l'ombre ; elle a vu l'adversaire victorieux, le pied sur sa victime râlante, lui enlever son épée brisée et son enfant ; elle a vu tout cela, et d'autres nations l'ont vu avec elle, et tout le monde s'est sauvé, de crainte de rencontrer dans son retour ce vainqueur vaincu et stupéfait, et d'être appelé en témoignage à la barre de la *morale internationale*.

On n'a tenu, à Londres, qu'un seul *meeting* dans le but d'insister auprès du gouvernement anglais, afin qu'il se joignît aux puissances neutres pour s'opposer au démembrement de la France ; mais ce *meeting* n'a pas trouvé d'écho parmi les classes influentes, et là où il avait action, il a provoqué cette cynique déclaration, qu'il n'y avait de remède que dans les baïonnettes et qu'il ne suffisait plus de frapper la terre du pied pour faire sortir des légions.

Ainsi l'Angleterre, par son silence, et les autres nations, par leur inaction, se sont rendues complices, suivant l'expression du capitaine anglais Maxse, des hauts faits du prince de Bismark. Les conséquences de tels errements sont la marche rétrograde de la civilisation, le navrant spectacle d'une province orientale de la France, d'une race patriotique, mais délaissée, soumise à un joug abhorré, et enfin, que nous y songions ou non, le premier pas vers une tuerie féroce, opérée par l'ignorance brutale de millions d'hommes égarés, qui, au lieu de se voir tels qu'ils sont, ne voient l'un dans l'autre que des fantômes qu'ils appellent leur prochain, qu'ils sont prêts à haïr et à éventrer à la voix de leurs bourreaux déguisés, qu'ils prennent pour des libérateurs.

« L'organisation sociale véritable, ô mon frère, a dit un ami du peuple (1), bien avant que votre mère fût née, est, depuis l'origine, créée et donnée par Dieu dans ses bases essentielles et dans les lois qui la développent, tout aussi bien que l'organisation de votre corps était créée par Dieu, dans le sein maternel, bien avant qu'il fût possible de le savoir ou de le vouloir. »

Non, travailleurs, mille fois non, ils n'ont pas le secret de la science du pain, de la liberté et du bonheur, ces savants imbéciles, ces philanthropes égoïstes, ces démocrates tyrans qui ont cru pouvoir noyer Dieu, la famille et la patrie dans un tonneau de pétrole et un lac de sang, pour vous atteler au char infect de leurs voluptés, qui feraient trembler les pourceaux, et dont la politique et la démocratie de l'Église du Christ pourra seul couper les traits et briser les roues. Elle vous apprend, par la bouche d'un des plus grands et des plus dévoués amis du peuple, la vérité politique, idéale, posée par la

_____

(1) Le P. Gratry.

raison, le génie et l'Évangile, en désir et en germe dans l'âme des peuples. *La vraie organisation du pouvoir est celle où* TOUS *auront quelque part au gouvernement du pays.* Vous comprendrez bientôt que l'Évangile seul veut et peut donner la paix à l'État; lui seul a la science du pain et de la liberté, parce que seul il est mansuétude, douceur, pardon, amour et sacrifice. Et, pour que tous défendent et aiment leurs institutions, elle appelle chacun à prendre part au gouvernement du pays. Faites donc, au pied de la croix, du haut de laquelle le plus sublime des républicains martyrs a jeté dans le monde cet immortel cri de liberté : « Père, pardonnez-leur; voyez, ils ne savent pas ce qu'ils font! » faites, en vrais patriotes, le sacrifice de vos préjugés, ces chères formules de l'âme, de cette force une et divisée; si séduisante et si agréable, *l'amour du moi.* Ne craignez pas de préférer aux coupables et monstrueux mensonges de Voltaire, ce méchant singe du génie, de Littré, de Buchner et de sa clique, la politique vraiment démocratique et sociale, et d'un radicalisme de dévouement divin, exprimé par ces mots : « Si on vous frappe sur la joue droite, présentez l'autre. » Bref, ne craignez pas de préférer Jésus-Christ républicain à nos marchands de cette démocratie d'oppression, de brigandage et d'étranglement, à ces socialistes pétroleurs, qui, comme le dit l'éloquent et dévoué fondateur (1)

____

(1) M. Jules de Lamarque, membre de la Société des gens de lettres.

de la *Société générale des libérés adultes*, « seraient assez insensés, s'ils le pouvaient, pour décrocher le soleil du firmament, dans le but de l'employer à leur usage exclusif, au risque de se brûler à son foyer et de nous rôtir avec eux. »

Et, demain, nous inscrirons sur notre drapeau : *En avant, avec Dieu, pour la patrie et la liberté !* et nous effacerons le deuil de Sedan par un nouveau et dernier Tolbiac.

En attendant, disons avec le poète :

> Reprends ton orgueil,
> Ma noble Patrie !
> Quitte enfin ton deuil,
> Liberté chérie.
> Liberté, Patrie,
> Sortez du cercueil !

II

_Quoi qu'on en dise, l'art du gouvernement consiste à regarder toujours la justice absolue, qui est l'étoile polaire de l'homme d'Etat.

(Paroles d'un ministre américain pendant la dernière guerre.)

Resserrée dans une très-petite étendue de terrain, d'une cinquantaine de lieues de long sur dix ou douze de large, la province d'Alsace n'en a pas moins une histoire dont le nombre, l'importance et la grandeur des faits méritent l'attention des esprits les plus sérieux, avides de s'instruire dans le choc de passions, soit qu'elles descendent des marches du trône, soit qu'elles s'approchent, furieuses, comme les vagues de la mer, contre un pouvoir-rocher sur les flancs duquel elles se brisent avec fracas, pour se reformer et revenir avec une impétuosité nouvelle, et user ainsi, par ce jeu continu, ce qu'elles ne péuvent ni ébranler ni renverser.

Enseignement et leçon, l'histoire de cette province ne doit rester inconnue à aucun Français, soit qu'il ait fait le sacrifice de son temps, de ses sympathies, de sa vie aux affaires du pays, soit qu'en dehors de la vie publique il veuille contribuer à l'élévation de sa patrie par l'exercice des droits sacrés et inaliénables de l'homme. Les uns et les autres y trouveront la vérification des grandes lois de l'histoire de tous les peuples et du cœur humain. Ils apprendront que les gouvernements et les nations n'ont jamais rien fondé de sérieux et de durable sur la force brutale et la crainte, que toute révolution, quel que soit son but, n'est qu'une insulte à la religion, à la civilisation et à la liberté, si elle arbore le drapeau de la violence et de la contrainte, quelle que soit sa couleur.

Chaque peuple a son âme, avec laquelle il faut compter, et qui, mutilée, bâillonnée, finit toujours par triompher de la brutalité sauvage ou déguisée des dehors d'une civilisation trompeuse. On a vu des hommes marcher sur l'âme de l'Alsace sans pouvoir l'écraser. Non, non, on ne mange pas les peuples comme un morceau de pain. Le prophète l'a dit : « Entendez-vous déjà le *Nunc exurgam* du Dieu de justice » (psal. 9).

L'organisation du vol est aujourd'hui plus savante, plus algébrique qu'à aucune autre époque.

Lorsque les seigneurs féodaux descendaient avec leurs brigands esclaves pour porter dans la plaine d'Alsace le pillage et la mort, c'était peu ; mais ce qui s'est opéré aujourd'hui par la préméditation, la science, bref, l'algèbre de la guerre, voilà le pillage élevé à la plus haute puissance qu'il ait jamais atteinte dans l'histoire de l'humanité.

Dieu a dit par la voix de Jérémie :

« Vous ne m'écoutez pas, et vous ne voulez pas annoncer à vos frères et à vos amis la loi de liberté ; c'est donc moi, le Seigneur, c'est moi qui vais prêcher pour vous la liberté, la liberté du glaive, celle de la peste et celle de la famine, et entre tous les peuples de la terre, je vais vous secouer.

» Je vais vous traiter, peuple de prévaricateurs qui brisez mon alliance, comme fait le sacrificateur du jeune taureau qu'il coupe en deux parties.

» On coupera et on séparera les deux parties, et tous les peuples de la terre pourront passer entre les deux moitiés sanglantes du taureau divisé. »

Eh bien, pharisiens, qui affectez de ne pas comprendre, on vous dit aujourd'hui que Dieu a révélé au prophète Jérémie ce qui vous arrivera demain.

Voici ce que le Seigneur a dit :

« Je vous avais tirés de la servitude du démon, et j'espérais que vous seriez un peuple de justice et de liberté.

» Mais vous avez déshonoré mon nom, seuls parmi les peuples chrétiens, dans la lumière de l'Évangile; vous avez rétabli l'esclavage que j'avais aboli dans le monde.

» Oui, vous l'avez rétabli en fait, puis affermi et développé, et maintenant vous le proclamez en principe et vous l'érigez en doctrine. »

Le Seigneur a dit aussi :

« Puisque vous ne voulez pas annoncer aux captifs la liberté, moi, je vous livre à la liberté de la guerre, de la faim et de l'extermination, et, comme le sacrificateur qui coupe en deux le jeune taureau, je vais vous partager en deux parties, et tous les peuples de la terre le verront, et ils pourront passer entre les deux moitiés sanglantes du taureau divisé. »

Les grands qui se recherchent dans les derniers replis de l'égoïsme sont parfois trompés et forcés de sortir d'eux-mêmes, d'ouvrir aux peuples humiliés des voies plus larges et à la liberté proscrite la porte de la patrie.

Le despotisme est plus facile à établir que la liberté, malgré l'amour des hommes pour l'indépendance. Comme il ne faut que des passions et des vices pour établir le despotisme, tout le monde est bon pour cela, tandis que la liberté n'est qu'au prix de la vertu et de l'observation de cette parole du Maître des hommes : « Ce que vous voulez que les hommes fassent pour vous, faites-le pour eux. »

La devise des *Annales* de Tacite : « *Ruere in servitudinem,* se ruer dans la servitude, » ne s'est jamais appliquée à nos pères d'Alsace ; pendant quatre siècles, ils ont souffert tous les maux engendrés par l'ignorance, la brutalité, l'anarchie et la faiblesse des gouvernants. De 870 à 1273, ils ont donné à l'humanité un spectacle consolant, au milieu des peuples dépourvus de science et de vertu, en prouvant, par leur attitude digne et courageuse, que la fin de tout n'est pas le mot de Tacite et qu'un peuple trouve toujours dans sa vertu la défense de ses droits et de sa liberté.

III

M. de Bismark semble ou voudrait ignorer quelles incroyables forces développent les masses humaines quand elles viennent à penser et à vouloir ensemble ; les âmes ne s'additionnent plus, elles se multiplient, et la pensée et le désir de chaque âme, devenus pensée et désir de toutes, deviennent une irrésistible puissance.

Les gouvernements, quelle que soit leur forme, qui font avancer d'un seul pas dans le monde le règne de la loi morale, font avancer d'un même coup par cela même, au sein des peuples, la paix, la richesse et la liberté. C'est là une éternelle et immuable loi de l'histoire de l'humanité. M. de Bismark a tenté de l'effacer du code de sa conscience pour la remplacer par l'autorité de la force brutale, au mépris de la morale, de la justice et du droit.

La solidarité entre la politique et la morale est si intime, que l'une ne se conçoit pas logiquement, honnêtement, sans l'autre ; l'outrage fait à l'une rejaillit fatalement sur l'autre. Les peuples et les gouvernements ne trouvent la vérité, la vie, la grandeur, la considération et la sympathie que dans l'union la plus intime de la morale et de la politique. M. de Bismark a trouvé que les intérêts de l'Allemagne sont pour le moment en dehors de cette loi, que les Ptolémée, les César, les Louis XI, les Cromwell, les Richelieu, les Bonaparte n'ont jamais violée impunément.

M. de Bismark vient de faire une grande, importante et effrayante action : il a arrêté dans sa marche l'astre de lumière et de liberté ; puis il a dit à ses tribus stupéfaites : « C'est moi le sauveur, le grand distributeur du bonheur et de la liberté. » Et ces peuples mystiques sont venus faire sur l'autel d'un homme, qu'ils ont pris pour celui de la patrie, le sacrifice de leur nom, de leurs traditions et de leur autonomie.

Il y a dix-huit cents ans, le divin Maître, avant de mourir, jetait dans le monde cette immortelle promesse : « Si vous restez dans ma parole, vous connaîtrez la vérité, et par la vérité vous irez à la liberté. » Et, au delà du Rhin, les disciples du Maître des hommes ont paru oublier ces sublimes paroles et n'ont pas craint de cracher de nouveau à la figure du Nazaréen, en consacrant par leur silence et l'esclavage des âmes et le retour à la barbarie.

Au lieu de s'écrier avec les prophètes : « Vos princes sont les compagnons des voleurs, *principes vestri, socii furtum ;* » au lieu de remplir le monde chrétien d'un long cri d'indignation et de dire avec saint Paul : « *Fratres, qui furabatur in vobis, jam non furetur ;* » au lieu de mourir victime de ces protestations qui intimident, si elles n'arrêtent pas, car les paroles du ciel ne tombent jamais en vain sur un cœur-rocher, vous avez gardé le silence pendant et à la fin de cet horrible drame. Attila, lui aussi, avant M. de Bismark, était venu en France, et sainte Geneviève l'a vaincu à la porte de Paris par quelques paroles de Dieu. Le chrétien est toujours libre. Avez-vous oublié le cri de saint Paul, frappé de verges? Le monde chrétien prêtait l'oreille; mais, hélas! vous l'avez écœuré par votre complicité. L'iniquité affamée ne vaut pas mieux que l'iniquité satisfaite.

Strasbourg, sous une pluie de pétrole, avait vu disparaître, avec ses monuments, ses maisons effondrées sur les femmes et les enfants, lorsqu'un octogénaire, vénérable prélat, avait vainement tenté de pénétrer dans le camp de ce nouvel Odoacre pour protester au nom de l'Évangile, c'est-à-dire au nom de l'humanité, contre ces atrocités jusque alors inconnues dans l'histoire des peuples civilisés ; et pas une voix de prêtre et d'évêque ne s'est élevée, au delà du Rhin, pour soutenir ce vieux pasteur, protestant au nom du droit et de la religion.

Le meurtre, l'incendie, la spoliation, vous avez tout légitimé par la lâcheté de votre silence. Allez, complices des brocanteurs de nos âmes, l'Alsace chrétienne, persécutée aujourd'hui dans la foi de Clovis, vous méprise et vous maudit ; et, avant de disparaître dans l'éternité des temps, ce siècle instruira votre honteux procès, et l'avenir jugera.

Quant à vous, partisans de l'abominable politique de l'imitateur de Richelieu, dont il n'a compris que les principes sauvages et astucieux, écrits par la force brutale au bas de la lettre de proscription lancée contre la loyauté, vous avez porté la main sur l'immortel monument sacré de 1789 ; vous y avez lu, la rage dans le cœur, l'élévation de la France, votre abaissement et votre condamnation. Ces principes, notre gloire et votre avilissement, tombés, il y aura bientôt un siècle, du cœur de Dieu, vous ne pouviez les détruire comme les maisons, les églises et les bibliothèques ; car jamais, comme le dit le R. P. Gratry, dans l'ordre politique, rien d'aussi radical, d'aussi vigoureux, d'aussi grand, ne s'était fait en aucun temps, en aucun lieu, par les plus forts et en toute liberté, pour la justice et la raison ; jamais rien d'aussi décisif pour enlever toutes les barrières d'iniquité qui séparaient les hommes en castes ennemies ; jamais rien, de bien loin, n'était entré dans l'âme de tout un peuple.

IV

> *Principes vestri, socii furtum.*
>
> Vos princes sont les compagnons des voleurs.
>
> (Isaïe, I, 28.)

Autrefois le vol à main armée, de seigneur à seigneur, c'est-à-dire le brigandage, désolait l'Alsace; ce n'était rien. Aujourd'hui le droit de conquête a légitimé le vol de peuple à peuple, au mépris du Maître des hommes et de son sublime disciple, saint Vincent de Paul.

Que dirait aujourd'hui Fénelon, dont la grande âme poussait autrefois cet énergique et saint cri de douleur devant son roi :

« On pend un pauvre malheureux pour avoir volé une pistole sur le grand chemin, dans un besoin extrême, et on traite de héros un homme qui fait la conquête d'une province, c'est-à-dire qui

subjugue injustement les pays d'un État voisin !
L'usurpation d'un pré ou d'une vigne est considérée
comme un péché irrémissible au jugement de Dieu,
à moins qu'on ne restitue ; mais l'on compte pour
rien l'usurpation des villes et des provinces ! Prendre
un champ à un particulier est un grand péché ;
prendre un grand pays à une nation est une action
innocente et glorieuse ! Où sont donc les idées de
justice ? Dieu jugera-t-il ainsi ? *Existimasti inique
quod ero tuis similis ?* Doit-on moins être juste en
grand qu'en petit ? La justice n'est-elle plus justice
quand il s'agit des plus grands intérêts ? Des millions
d'hommes qui composent une nation sont-ils moins
nos frères qu'un seul homme ? Tout ce qui est pris
par pure conquête est donc pris très-injustement et
doit être restitué ; tout ce qui est pris dans une
guerre entreprise sur un mauvais fondement est de
même.

» Les traités de paix ne couvrent rien, lorsque
vous êtes le plus fort et que vous réduisez vos
voisins à signer le traité pour éviter de plus grands
maux ; alors ils signent, comme un particulier donne
sa bourse à un voleur qui lui tient un pistolet sur la
gorge. La guerre et la victoire, loin de vous mettre
en sûreté de conscience, vous engagent non-seulement à la restitution des pays usurpés, mais encore
à la réparation de tous les dommages causés sans
raison à vos voisins.

» Pour les traités de paix, il faut les compter **nuls,**
non-seulement dans les choses injustes, que la

violence a fait passer, mais encore dans celles où vous pourriez avoir mêlé quelque terme ambigu pour vous en prévaloir .dans les occasions favorables. »

Fénelon s'est fait ici l'écho de la théologie, qui toujours, par l'organe de ses Pères, a battu en brèche le droit de conquête, sous quelque forme qu'il se présente.

Justa causa indicendi bellum offensivum est unica, nempe injuria gravis illata et non reparata, et alio modo non reparanda. Bellum, ubi desinit esse necessarium, desinit essè justum (Belluart, *De bello*, t. v, p. 366).

Quant à ceux, disait déjà en 1868 l'un des plus grands et des plus aimables hommes de notre époque, le P. Gratry, qui ont supposé ou supposent que l'agrandissement d'un empire, la gloire à conquérir et le droit de convenance (comme serait, par exemple, la *mission historique* de la Prusse) sont des causes légitimes de guerre, ceux-là sont dans une pensée aussi coupable et digne de damnation que pernicieuse; car il n'y a en tout cela, comme l'affirme saint Augustin, rien autre chose que *brigandage en grand.*

V

La politique du prince de Bismark n'est qu'un attentat à la justice nécessaire, absolue, universelle; car elle n'a été qu'un *veto* brutal opposé à la volonté de Dieu, qui a institué les nations comme il a institué la famille, *divisit Deus orbem secundum nationes,* et distribué aux races humaines les parties de la terre qu'elles sont chargées de cultiver. Oui, Dieu a donné à chaque peuple une patrie à garder, à embellir, à glorifier. M. de Bismark et M. de Moltke, ces deux habiles artisans — nous voulions dire enne-mis — de la patrie allemande, se sont, eux aussi, trouvés devant cette immuable loi de justice par laquelle Dieu a voulu garantir la légitimité, la sainteté, l'immutabilité, l'indivisibilité et l'éternité de la patrie française. Ils ont jeté des cendres, un peu de sang, l'épée de Napoléon dans la balance de la conscience, ils ont recouvert tout cela du voile de la cupidité, et ils ont procédé à autre chose.

La France, qui veut la liberté dans l'unité et la force dans chaque partie intégrante de cette grande idée, de cette idée divine, principe et fin de cette grande chose, la patrie, ce composé d'âme et de matière, source des plus sublimes dévouements et des plus puissantes inspirations, la France, hélas! a été palpée, estimée, pesée, mesurée par des hommes capables de tout prendre, de tout acheter et de tout vendre, et qui auraient désillusionné, si e'était possible, les âmes fortifiées par la plus généreuse confiance, pour lesquelles la société, mélange de mal et d'imperfection, s'avance néanmoins vers le bien toujours croissant : la liberté par et dans l'esprit de Jésus-Christ.

VI

« Si vous avez la vie nouvelle, a dit un jour un
vrai et énergique disciple du premier, c'est-à-dire
du plus honnête des diplomates, déposez l'aigre
levain de la vieille forme : colère, indignation, mali-
gnité, blasphème. » Ces paroles de saint Paul, d'une
force et d'une simplicité écrasantes, vous con-
damnent, ô saint et mystique empereur, et vous
clouent au pilori des nations. Quoi ! vous bâillonnez
les âmes ! vous voulez empêcher les enfants ravis
d'aimer leur mère, égarée, surprise au coin d'une
forêt et abandonnée dans son sang par ses bourreaux, qui la croyaient morte, et vous parlez de vie
nouvelle, de vie heureuse, de vie libre et de vie
féconde !... Avez-vous entendu, peuples du monde ?

Pourquoi donc vous êtes-vous éloignés du Dieu de justice, par je ne sais quelle froideur chagrine, au moment où il vous inspirait, en attendant un temps meilleur.

La sainte et simple condition de tout progrès et de tout bien dans le monde, c'est-à-dire la morale absolue, nécessaire, évidente, n'a pas trouvé une nation pour la défendre. Le crime politique, permis, toléré et peut-être favorisé, entraîne, dans l'ordre moral, des conséquences aussi terribles que le crime prémédité, froidement et cyniquement accompli. L'histoire du genre humain en fait foi.

Aujourd'hui, Dieu exige de l'Europe une vie politique et sociale fondée, plus que par le passé, sur la justice de l'Évangile. Et cependant qu'a-t-on fait? A-t-on tenu compte des leçons de l'histoire, qui montrait le devoir dans une lumière irrésistible? A-t-on mis les intérêts personnels ou les exigences artificielles de la situation d'un peuple aux pieds de la morale universelle? A-t-on tenu compte de la justice? Hélas! en plein dix-neuvième siècle, on est retombé plus bas dans les erreurs et les atrocités de l'antiquité païenne. Et l'Évangile a dit : « Que le plus grand se fasse le serviteur de tous; si les rois du vieux monde dominent leurs peuples, qu'il n'en soit pas de même parmi vous. » Et le plus grand d'une grande nation chrétienne, se proclamant le plus humain et le plus miséricordieux, a pensé, dans la fièvre de sa gloire, que les paroles de saint Luc n'étaient pas dignes de monter jusqu'à son trône.

Nous espérions alors voir un autre Fénelon monter,
la tête haute, les marches encore fumantes de sang
de ce trône exhaussé, barricadé, blindé, mais miné
par la haine et l'outrage fait à la morale des peuples,
et jeter à la face du vainqueur ces terribles paroles
de l'archevêque de Cambrai, parlant à Louis XIV :
« En voilà assez, sire, pour reconnaître que vous
avez passé votre vie entière hors du chemin de la
vérité et de la justice, et, par conséquent, hors de
l'Évangile. » Nous espérons encore.

VII

Que votre règne arrive, que votre volonté soit faite!
Voilà la vraie prière de l'homme, depuis le commencement jusqu'à la dernière heure du monde. Ce cri,
d'une simplicité sublime, l'Alsace n'a cessé de le
pousser pendant prés de huit siècles; elle le pousse
aujourd'hui dans la fièvre d'une conviction navrante.
Le Christ, qui a aimé sa patrie, qui a pleuré sur
elle, qui, comme dit l'Évangile, est mort pour
elle, « *Jesus moriturus erat pro gente*, il est bon que
cet homme meure pour tout le peuple » (Joan.,
XI, 51), le Christ a entendu. Que votre règne arrive
donc, ô Dieu de justice! que cette nécessité pour
une nation chrétienne, de mourir par l'âme de la
patrie, que cette décadence si visible dans l'anti-

quité disparaisse ! Que l'épouvantable et sacrilége perversité de l'esprit de conquête soit expié ! Que votre règne arrive, Seigneur, et les peuples comprendront la loi, *et par la loi ils iront à la liberté*, et les gouvernements ne perpétréront plus l'exécrable partage d'une nation chrétienne ! Que votre volonté soit faite, et l'Alsace-Lorraine, la Pologne, revivront enfin par l'âme de la patrie !

LIVRE II

Histoire de l'Alsace, depuis les temps les plus reculés
jusqu'au 1er juin 1872

Mœurs, religion, législation, institutions de cette province
aux différentes époques de son histoire

1

L'Alsace pendant les périodes des Celtes ou des Gaulois
des Romains et des Francs

La période des Celtes ou des Gaulois comprend l'espace de temps écoulé depuis les premiers âges connus jusqu'à l'asservissement des Gaules par les Romains, l'an 52 avant Jésus-Christ.

La période des Romains s'étend depuis l'an 52 avant Jésus-Christ jusqu'en 407 de l'ère chrétienne.

La période des Francs comprend l'époque où divers peuples barbares dévastèrent l'Alsace (407-870).

Maîtres de l'Alsace, les Francs conservèrent cette province jusqu'à ce que, détachée des autres provinces gauloises par la voie du sort, elle fut réunie à l'Allemagne par Louis le Germanique en 870.

De tout temps, le Rhin a limité l'Alsace du côté de l'orient et les sommets des Vosges l'ont terminée du côté de l'occident. Ces deux limites si naturelles renferment cette délicieuse plaine coupée par plusieurs rivières favorables au développement de l'industrie et de l'agriculture. La douceur de son climat se fait sentir dans le génie de ses habitants, naturellement paisibles, bons, hospitaliers et généreux.

Des observations, faites depuis bien des années, portent à croire que la plaine d'Alsace, resserrée entre deux grandes chaînes de montagnes, était autrefois le bassin d'un lac formé par les eaux du Rhin, qui les sépare en deux parties. D'après les anciennes déterminations mathématiques, elle se trouvait située entre les 24° 29' et 25° 50' de longitude E. du méridien de l'île de Fer, et entre les 47° 29' 30" et 49° 9' 30" de latitude N. On divisait ce pays en Haute-Alsace, y compris le *Sundgau*, et en Basse-Alsace, qui, sous les rois carlovingiens, portait aussi le nom de *Nordgau*.

L'Alsace est un pays aussi important qu'agréable; ses productions végétales excitent la curiosité et l'admiration du voyageur; elle contente le savant et le poète. Le terrain est généralement fertile ; de superbes campagnes sont entrecoupées de collines, de montagnes, de vallons, ce qui les rend propres à la culture de toutes sortes de plantes. L'accroissement des végétaux est favorisé par un climat naturellement tempéré et par les eaux qui arrosent ces plaines et ces vallées dont le charme et la richesse ont été la cause principale des invasions dirigées par Arioviste et le général de Moltke.

Sous la domination des Romains, l'Alsace n'avait point de nom propre. Quelques auteurs fixent

l'époque de cette dénomination au temps de Charlemagne, supposant qu'on n'en a fait aucune mention
avant le huitième siècle. Quoi qu'il en soit, on peut
se passer, pour l'histoire d'un peuple, des conjec-
tures plus ou moins hardies et vraisemblables des
étymologistes, qui, à force de changer ou de retran-
cher des lettres, savent amener les mots à la signifi-
cation que le caprice veut leur attribuer. Nous nous
contentons de dire que *Alsatia, Elsatia, Elisatium,
Alesatia, Elsas*, sont des dénominations synonymes
d'*Alsace*.

Les peuples établis sur les rives du Rhin portaient le nom de Celtes. *Antiquitus populi qui ex
utroque parte Rheni habitabant, Celtæ uno nomino
appelati sunt* (Dio., t. xxxix). Ils formèrent ensuite
deux nations différentes, séparées par ce fleuve. Ceux
qui habitaient la rive droite s'appelaient *Celtes ;*
ceux de la rive gauche se nommaient *Gaulois*.

Occupée par les Gaulois, nos pères, l'Alsace ne
présentait pas l'agréable aspect qu'elle offre aujou-
d'hui au contemplateur de la nature. Mal et peu
cultivée, la terre n'offrait pas les riches campagnes
d'aujourd'hui. D'antiques forêts couvraient la plus
grande partie du pays ; les loups, les cerfs et les
sangliers y abondaient. Couverts de marais, les
bas-fonds remplissaient l'air d'exhalaisons mal-
saines. Presque tous les ans, le Rhin, malgré sa
rapidité, était couvert d'une glace épaisse qui en
facilitait le passage aux Germains dans leurs périodiques invasions. Cela nous prouve clairement que

ce fleuve était plus large et coulait, par conséquent, avec moins de rapidité qu'aujourd'hui. L'étude du terrain de la Haute-Alsace (*Sundgau*) justifie hautement cette différence de largeur entre le lit d'alors et celui d'aujourd'hui.

L'auteur des *Mœurs des Germains* donne le nom de Germain comme nouveau : *Germaniæ vocabulum recens et nuper additum ; quoniam qui primi Rhinum transgressi, Gallos expulerint ac nunc Tungri nunc Germani vocati sunt, nam ita nationis nomen non gentis evaluisse paulatim* (Tacite, *De M. Germ.*).

Attribué d'abord à une nation particulière, ce terme devint celui de tout un peuple, continuant à vivre séparé des Gaules par le Rhin. Ce fleuve, pour les Romains, a toujours été la limite naturelle entre les Gaulois et les Germains ; quant à ces derniers, ils les considéraient comme des barbares.

César dit, en parlant de nos pères, robustes et de belle taille (*tantulæ staturæ*), qu'ils regardaient les Romains avec mépris, à cause de leur petite stature (*De bello Gall.*, II, 30).

Les Germains, habitants de la rive droite, les surpassaient encore par la grandeur de leur taille. Ils avaient puisé cette vigueur dans la simplicité de leur genre de vie. Une éducation sévère, jointe à un continuel exercice des armes, avait pour but de développer les facultés intellectuelles de l'enfant et de l'accoutumer à la fatigue. Ces principes devaient nécessairement produire une race d'hommes plus robuste que la nôtre, énervée trop tôt par les voluptés et relâchée par une éducation superficielle.

Les Gaulois avaient la peau blanche et les cheveux roux ; en les écartant du front et en les retroussant en forme de cornes, ils avaient, il est vrai, un air plus formidable et plus terrible que nos jeunes gens, qui, en les ramenant, eux, soigneusement sur le front, aussi en forme de petites cornes élégantes, n'ont cependant pas été moins braves à Reichshoffen que leurs pères à Tolbiac.

Les uns se rasaient, les autres laissaient croître leur barbe, et plusieurs portaient des moustaches, regardées comme une marque de distinction.

Les Romains vantent la propreté de ce peuple, assis pendant les repas sur des peaux de loups ou de chiens étendues par terre. Les meilleurs morceaux étaient réservés aux plus vaillants. Les fruits sauvages, le lait, le fromage, le gibier, formaient leur nourriture ; leur boisson était une espèce de bière tirée de l'orge, et appelée *zythe*. Ce ne fut qu'après la conquête des Romains, qu'ils firent connaissance avec le vin. Dans les festins, la coupe, présentée d'abord aux plus braves, faisait le tour sans pouvoir être refusée. Amis de la bonne chère et des libations, ils terminaient parfois leurs repas par des rixes sanglantes. Leurs huttes, garnies à l'intérieur de peaux et entourées à l'extérieur de terre glaise ; leurs vêtements, composés d'une robe unie ou bigarrée, descendant jusqu'aux genoux, sans manches, un peu plus longues pour les femmes ;

une espèce de bottine pour chaussure : tout cela était très-simple. Au combat, ils portaient un casque et une cuirasse, le glaive au côté, et le javelot (*gesum*) ou la lance à la main, montés sur des chars attelés de chevaux et conduits par un cocher. Ils avaient aussi leur cavalerie.

Tous les anciens historiens vantent l'esprit et la facilité de conception des Gaulois, laconiques dans leurs conversations, francs et magnanimes envers leurs semblables, amis de la sincérité et de la gloire, pétris d'amour-propre et jaloux de leur liberté.

Les époux apportaient en mariage une dot égale (César, *De b. G.*, vi, 19) et administraient leurs biens en commun. Le survivant héritait des acquêts et des apports du défunt. La puissance maritale n'avait point de limites. La célébration des funé-railles se faisait avec pompe ; tous les objets chers au défunt pendant sa vie étaient brûlés avec son cadavre. Parfois, les parents eux-mêmes se jetaient dans les flammes (Pompon. Mela, *De situs orbis*, iii, 2).

La forme du gouvernement des Gaulois était un mélange de démocratie et d'aristocratie. La nation se composait d'un triple élément, les druides, la noblesse et le peuple (*De bello Gall.*, vi, 13).

Avant l'arrivée des Romains en Alsace, le culte de nos pères était un sanglant mélange d'atrocité et de cruauté ; ils ne comprenaient pas la prière sans le sang d'une victime. Ce culte horrible n'était malheureusement que la conséquence d'une

idée monstrueuse; selon eux, les divinités n'épar-
gnaient la vie d'un homme qu'après avoir été
dédommagées par celle d'un autre (César, *De b. G.*,
VI, 16).

L'imagination d'un peuple sans culture morale et
intellectuelle se plaît à déifier la nature entière.
C'est pour cette raison que nous trouvons, parmi
les divinités de nos ancêtres, le Rhin, les Vosges;
c'étaient les déesses mères, *matres deæ*.

La langue celtique, parlée en Alsace jusqu'à la
domination romaine, se confondit peu à peu avec
celle de Jules César; il en résulta le roman, qui
s'est conservé, avec des modifications nouvelles,
dans quelques vallées des Vosges, tels que les vals
de Villers, d'Orbey; on le désigne encore aujourd'hui
sous le nom de patois.

Déjà, avant l'arrivée de Jules César, l'usage de la
langue celtique avait commencé à se perdre en
Alsace; les soldats d'Arioviste l'avaient remplacée
par la leur, après avoir forcé nos pères à se
retirer devant l'horreur de leurs excès dans les
montagnes et vers l'intérieur des Gaules. Les Germains ne souffraient jamais qu'un peuple étranger
partageât un pays avec eux; aussi longtemps qu'ils
étaient victorieux, ils forçaient impitoyablement
les anciens peuples à leur céder et le sol et les
habitations. Le procédé d'intimidation, ils l'em-
ployaient soixante-douze ans avant Jésus-Christ,
comme naguère en Alsace et en France pendant
la triste campagne de 1870. C'est ainsi que la

langue allemande fut introduite de force en Alsace soixante-douze ans avant Jésus-Christ, et qu'elle fut parlée depuis Brumath jusqu'aux frontières de l'Helvétie. Un peu plus tard, les Némètes la propagèrent sur la frontière septentrionale de la Basse-Alsace.

Quels étaient les peuples qui occupaient la partie des Gaules baignée par le Rhin ? Le vainqueur d'Arioviste nous l'a dit : « Le Rhin, qui prend sa source dans les Alpes, a un cours long et rapide sur les confins des *Nantuates*, des *Helvètes*, des *Séquaniens*, des *Médiomatriciens*, des *Triboques* et des *Tréviriens* » (César, *De bello Gall.*, I, 4).

Selon Strabon, les Triboques, nation germanique, étaient venus prendre place entre les Séquaniens et les Médiomatriciens. Toujours avides de pillage, ces barbares avaient suivi Arioviste lors de son entrée dans les Gaules. César les battit et les força de repasser le Rhin avec leur chef. Dion raconte qu'à partir de cette victoire éclatante l'Alsace fut tranquille et permit à César d'aller guerroyer sur la Meuse et à l'extrémité des Gaules.

Les Triboques n'ont jamais habité la Haute-Alsace; César les place après les Médiomatriciens. Strabon est d'un avis contraire. Pline dit que les Némètes, les Triboques et les Vangiens, peuples germains, habitaient les bords du Rhin dans la Gaule belgique (liv. IV, ch. 17). Tacite partage son avis (*De Mor. Germ.*, c. 28).

Quoi qu'il en soit, nous pouvons affirmer que ces hordes germaines furent chassées par nos pères.

On a osé prétendre que la ville de Strasbourg a été fondée par les Triboques. Ces misérables falsificateurs de la vérité, marchands d'histoire, ont prétendu que César et Tacite ont appelé Strasbourg la ville des Triboques. Il y a des objections qui ne méritent pas la réfutation.

Jamais César et Tacite n'ont parlé d'une ville où les Triboques aient habité. César, Tacite, Ptolémée, Ammien et les notices de l'empire, invoqués par les partisans de cette objection faite à l'origine française de Strasbourg, sont tous en contradiction au sujet de la véritable position des Triboques. Bref, tous ces auteurs ont toujours appelé Strasbourg *Argentoratus*.

Pourquoi les Triboques n'auraient-ils pas laissé leur nom à Strasbourg, comme la plupart des tribus qui ont fondé des habitations dans les Gaules? Reims a été fondé par les Remis, Langres, par les Lingones, etc.

Les Rauraques, siégeant dans le Jura, tenaient l'extrémité méridionale de la province. Vers l'an 58 avant Jésus-Christ, ils furent écrasés avec les Helvétiens par César; de trois cent soixante-huit mille, cent dix mille seulement revirent leurs montagnes. Les Séquaniens occupaient le surplus de la Haute-Alsace, dont la cité était Besancon, et les Médiomatriciens, la Basse, avec Metz, pour capitale. Cette ville portait alors le nom de *Divodorum*. Si Colmar avait existé alors, elle aurait été une ville de la Séquanie.

Guilliman, après l'abbé Conrad, prétend que le pays où nous voyons aujourd'hui la Hart a été habité par les peuples que César nomme *Harudes*, et qu'on a appelés depuis *Harelungi*. Nous ne nous prononcerons pas sur la question de savoir si ces peuples ont pris leur nom de *hart*, c'est-à-dire contrée dure, aride, ou si les Harudes ont laissé leur nom à cette contrée.

Ammien dit que de l'endroit d'où Julien partit pour aller combattre et écraser les Allemands il y avait, jusqu'au camp de ces barbares, quatorze lieues ou vingt et un mille pas (Amm., l. XVI, c. 12). C'est sur ce plan qu'on peut reconnaître les endroits où étaient placées les villes d'Alsace sous l'empire romain. Nous ne citerons que les plus importantes.

A l'extrémité de la Suisse était autrefois une ville célèbre, touchant presque l'Alsace : *Augusta Rauracorum*. Le temps en a fait un village, situé à trois lieues au-dessus de Bâle ; il porte le nom d'Augst.

Arialbinum, que la carte théodosienne pose à six milles d'Augst, est Bâle.

Cambette, à six milles d'*Arialbinum*, sur la route de Strasbourg, paraît être le village qu'on nomme de nos jours Kemps, à quatre lieues de Bâle.

La position d'*Urunci* ou *Uruncæ* a été l'objet de longues controverses ; l'opinion la plus rapprochée de la vérité est celle qui cherche l'ancien *Urunci* à Sierentz, près de Mulhouse.

Brisach est plusieurs fois marqué, dans l'Itinéraire d'Antonin, sous le nom de *Mons Brisacius*, compris dans les Gaules et dans les provinces séquanaises. « *Ut indubitabile sit Sequanorum inferiorum* (Haute-Alsace) *caput Brisacium fuisse* (Guilliman, 1. ii, c. 5). Il est certain que le Rhin a changé de lit et qu'autrefois il laissait Brisach dans les Gaules. Luitprandus, mort en 950, sous Othon Ier, et évidemment bien informé de ce qui se passait sous cet empire, dit, en racontant le voyage d'Othon en Alsace, qu'il y a dans ce pays un château appelé Brisgaw par les habitants et environné du Rhin comme une espèce d'île. Nous pourrions citer d'autres auteurs, tels que Sigebert et Guilliman, à l'appui de ce que nous apprend Luitprandus.

Guilliman nous affirme qu'on trouve sur la route militaire de Bâle à Strasbourg *Stabula*, à huit milles de Kemps, et cet éloignement lui fait croire que ce lieu est Bantzenheim, près d'Othmarsheim, où l'on trouvait, de son temps, beaucoup de monuments anciens enfouis dans la terre, et où l'on voit encore aujourd'hui un ancien temple païen octogone qui, restauré, est devenu l'église du village.

On rencontre, sur le chemin de Besançon à Strasbourg, *Larga*, qu'on peut dire être le village de Larg, à l'entrée de la Haute-Alsace, à la source de la petite rivière dont il a pris le nom.

Ptolémée parle de *Ruffiana*; le rapport du nom

est le seul titre qui puisse faire juger que c'est Rouffach.

Le savant Bergerius (*Routes militaires*, sect. xii, n° 6) nous dit qu'il faut bien se garder de s'imaginer que ces lieux aient servi de quartier aux légions, parcela qu'on trouve, par exemple, dans l'Itinéraire : *Uruncis, leg. X*, etc. Ces lettres, *leg.*, signifient les lieues, et non les légions, à moins qu'on y ajoute quelque autre terme : *Leg. VIII August. leg. X Germina.*

C'est à *Argentaria* (Horbourg), près Colmar, que l'empereur Gratien défit quarante mille Allemands.

Argentoratus (Strasbourg). L'origine de ce nom a éveillé les scrupules des historiens. Nous ne voulons pas fatiguer l'esprit du lecteur par l'appréciation de toutes ces hypothèses variées ; nous nous contenterons de dire que ce terme ne paraît avoir été inventé que dans le sixième siècle. César, Strabon, Tacite, loin d'employer le mot de *Strasburgum*, ne font pas même mention d'*Argentoratum*. Il paraît cependant qu'il existait dès le premier siècle, puisque Ptolémée, qui vivait au commencement du second, nous apprend que, de son temps, il était destinée à la huitième légion.

Regardé comme l'arsenal des Gaules d'où sortaient les armes les plus curieuses, Strasbourg n'avait pas l'étendue d'aujourd'hui. La grande enceinte, du côté de Molsheim et de Saverne, que les Badois n'ont pas forcée, date de 1532 ; de 1541 à

1552, on acheva de bâtir la porte des Juifs ou de l'Arbre-Vert.

La carte théodosienne place *Brocomagus* (Brumath) en deçà du Rhin, à sept milles au-dessus de Strasbourg.

Tabernæ (Saverne), indiqué sur la carte et dans l'Itinéraire, devenu célèbre par la résidence des évêques, était déjà fortifié du temps de Julien. Les Allemands, dans une invasion, rasèrent les fortifications de Saverne, que Julien se hâta de reconstruire pour fermer à ces barbares l'entrée des Gaules.

La carte de l'Itinéraire nous fait aussi connaître *Saletis*, aujourd'hui Seltz. Ammien lui donne le titre de cité.

Les historiens ne sont pas d'accord sur la position d'*Olino*, lieu célèbre du temps de Théodose, destiné à défendre l'Alsace contre les invasions germaniques.

Les itinéraires et la carte nous ont conservé le nom de quelques autres lieux du Sundgau.

Les Séquaniens, attaqués toujours par les Éduens (ceux du territoire d'Autun), acceptèrent, dans un moment critique, un secours venu d'outre-Rhin. Arioviste avait traversé le fleuve (72 av. J.-C.) et, à la tête de trois cent mille Germains, marchait contre les Éduens. A partir de ce moment, le chemin de l'invasion était ouvert.

Pourquoi ce barbare avait-il offert le secours de son épée? Le tiers de ce territoire tant convoité, et demandé comme prix de son intervention, avait engagé cet astucieux sauvage à prêter son concours aux Séquaniens menacés. Éclairés sur la nécessité de se liguer contre un ennemi commun, Séquaniens et Éduens s'unirent dans une pensée commune : la destruction du Germain avide et inquiétant. César avait entendu et compris.

Les députés de presque toutes les villes des Gaules vinrent sans retard féliciter César de ses victoires et le prièrent de convoquer une assemblée générale pour conférer avec lui sur des points qui intéressaient Rome et toutes les Gaules. Tous furent présents au rendez-vous. Divitiæ, célèbre magistrat, prit la parole et prouva à César qu'Arioviste ne s'était pas seulement emparé de l'Alsace, mais qu'il exigeait un second tiers de la Séquanaise et la Franche-Comté. César, frappé de ce danger, demande une entrevue à Arioviste. Le fier Germain répond par une insulte. Le Romain lui enjoint de rendre les otages et de se tenir au delà du Rhin ; nouvelle réponse blessante et dédaigneuse de la part d'Arioviste. La mesure était comble. César précipite sa marche, s'empare de Besançon, évite les forêts entre cette ville et l'Alsace, prend un détour d'environ trente-trois lieues, passe par Vesoul et débouche par la trouée de Belfort en Alsace ; il avait vaincu toutes les difficultés. Arioviste, campé à Colmar, fait dire à son adversaire qu'il accepte l'entrevue. Sans la refuser, César la fait différer de cinq jours pour faire avancer son armée dans la plaine.

L'entrevue entre les deux généraux n'aboutit pas.

La brutalité d'Arioviste à l'égard des envoyés de César pousse le général romain à présenter la bataille, refusée pendant plusieurs jours ; mais, las d'attendre, César lance ses légions. Après une longue et sanglante résistance, Arioviste, battu, se décide à repasser le Rhin.

Le lieu du carnage n'est pas bien déterminé. Brutus Rhenanus nous parle de Saint-Apollinaire ; l'opinion de la province est qu'il a eu lieu entre Ensisheim et Cernay. Quoi qu'il en soit, cette victoire décida du sort de la Haute-Alsace.

Ce pays se vit délivré des hordes germaniques qui avaient passé le Rhin pour le ravager et s'en emparer.

L'année suivante, le pays des Médiomatriciens, dont la Basse-Alsace faisait partie, fut également soumis.

Auguste fit construire des forts et des châteaux en deçà et le long du Rhin pour garantir les Gaules contre les invasions germaniques. Drusus semblait emporté par la victoire, lorsque la mort le saisit au delà du Rhin.

L'empereur, après cette cruelle perte, resta dans les Gaules et envoya Tibère, frère de Drusus, promener ses légions victorieuses au delà du Rhin. Cet habile général ne craignit pas d'avouer que ses succès contre les Germains avaient été le fruit d'une sage conduite, et non de la force des armes : « *Plura consilio quam vi vicisse* » (Tacite). Quelle leçon !!!

Tacite (*De Mor. Germ.*, VI, 29), le plus croyable et

le plus sincère des historiens, nous fait comprendre
que le Rhin ne terminait pas, du temps de Trajan,
l'empire romain ; qu'il s'étendait jusqu'au Danube et
jusqu'à la forêt qui confine à la Hesse, et que tout
ce pays était habité par les Gaulois ; qu'on ne donnait pas à ces peuples le nom de Germains ; bref,
qu'ils faisaient partie de la province où les Romains
avaient un gouverneur. A en juger par la convenance et la proximité des lieux, cette province, que
l'auteur ne nomme pas, ne peut être que celle où la
Haute et la Basse-Alsace ont depuis été comprises.

Environ cent ans après Trajan, sous l'empire de
Caracalla, tout le pays renfermé entre le Rhin, le
Mein et les sources du Danube s'appelait *Alle-
mannie* ou *Allemagne*, et ces peuples se nommaient
Allemands. Nous éviterons à notre bienveillant
lecteur la fastidieuse et fatigante exposition des
différentes étymologies de ce terme, et nous nous
contenterons de nous faire l'écho de tous les anciens
auteurs, qui tous s'accordent à dire que les Allemands ne sont pas d'origine germaine, qu'ils formaient une nation composée de diverses colonies
venues de toutes parts pour habiter ces contrées
abandonnées par les naturels du pays.

Voisins de la Germanie, les Allemands ne faisaient
pas partie de cette nation. Si parfois on les a appelés
Germains, la raison en est bien simple : ils étaient
compris sous le gouvernement de la province de
Germanie, située au delà du Rhin. Tacite nous a
permis ainsi de donner une idée de la première

origine des Allemands, dont tant de nations ont depuis adopté le nom.

Ils formaient, au deuxième siècle, un peuple puissant, composé d'éléments différents, situé entre le Rhin, le Mein et le Danube, et soumis à l'empire romain. Le temps confondit les Germains et les Allemands, deux peuples d'origines différentes.

Mais cette nation ne tarda pas à inquiéter ses voisins par son humeur guerrière et la multitude d'hommes qu'elle pouvait mettre sous les armes. Les troubles de l'empire romain et le peu de mérite de ses empereurs l'enhardirent à étendre ses frontières, comme l'ont fait, en 1870, nos luttes religieuses, sociales et politiques. Ils passèrent le Rhin, ravagèrent la Haute-Alsace et la Suisse. L'histoire est muette sur leurs fréquentes et sauvages expéditions, mais elle a enregistré les pertes que Caracalla leur a infligées. Plus de cinquante mille Allemands périrent sur les bords et dans les flots du Mein. *Alemanos gentem populosam ex equo mirifice pugnantem prope mœnum œmnem divi cit* (Aurel. Victor.).

D'une vigueur brutale, vierge de tout ce que la civilisation entraîne d'atrophiant avec elle, ce peuple puisait dans ses mœurs, d'une austérité morale, cette puissance de vitalité qui avait mis souvent en péril le jeune et habile précurseur de Bonaparte et ses successeurs.

Le tempérament, bien plus que le sentiment de la vertu aimée et pratiquée pour elle-même, avait donné à cette nation les éléments nécessaires à la continuation d'une lutte si meurtrière. Alors déjà, la fécondité, par effet physiologique, étrangère à toute élévation morale, avait donné à ce peuple une vitalité, une puissance d'extension et de conservation qui leur permettait d'éteindre leur soif de sang et d'invasion dans les plus atroces carnages.

En lutte avec Alexandre Sévère, ils l'effrayèrent par l'opiniâtreté de leur résistance. Ce faible empereur acheta la paix au prix d'énormes sommes d'or et d'argent, dont les Germains ont de tout temps témoigné cette avidité fiévreuse, que nos désastres d'hier, suivis de la paix de Francfort, ont montrée plus enracinée que jamais. Les germes des vices et des vertus d'un peuple se manifestent toujours fatalement à travers les âges; les fruits qu'ils produisent à chaque génération donnent une idée exacte de son abaissement ou de son élévation.

Alexandre paya de sa vie cette paix honteuse, effacée par les victoires de Maxime, de Galien, de Posthume, d'Aurélien, de Probus, de Maximin, de Constance Chlore, de Constantin, de Constance, de Julien, de Valentinien, de Gratien, qui, tous, opposèrent la digue de leurs légions pour préserver la Haute et la Basse-Alsace des flots envahissants de ce peuple-océan. La mort de chacun de ces empereurs était régulièrement suivie d'une invasion.

Depuis la défaite d'Arioviste jusqu'à l'an 27 avant Jésus-Christ, l'Alsace eut un gouvernement militaire. Auguste, à son arrivée dans cette province, y établit un gouvernement régulier, avec deux gouverneurs, et y introduisit le code de l'empire, sans violer complètement le droit coutumier du pays. Caracalla accorda le droit de citoyen à tous les habitants d'Alsace. Les revenus publics étaient administrés par des agents particuliers. Cet ordre de choses dura pendant les trois premiers siècles.

Constantin donna à l'empire une nouvelle constitution, comprit l'Alsace dans la préfecture des Gaules et la divisa en trois diocèses, administrés chacun par un vicaire. La Haute-Alsace était une province présidiale, soumise au gouverneur (*præses*) qui demeurait à Besançon. La Basse-Alsace était une province consulaire, sous la direction du gouverneur de Mayence. Mais, bientôt après, notre province fut soumise au général en chef de la cavalerie dans les Gaules (*magister equitum per Gallias*), qui jugeait les affaires civiles et militaires de ses soldats. Après l'empereur, il était le premier personnage. Les légions, commandées par des ducs, sous les ordres du général en chef, se trouvaient disséminées dans les différentes places.

La civilisation romaine, tout en énervant les Gaulois, avait l'avantage de propager les connaissances utiles et le goût des arts. La robe gauloise fut remplacée par la toge romaine. L'an 277, Probus permit la culture de la vigne en Alsace. Domitien en restreignit la liberté par une loi. Embellissement des villes et des villages alsaciens, construction de temples et d'arsenaux, tous ces effets de la civilisation romaine furent détruits par l'orage qui éclata au cinquième siècle.

Les Romains introduisirent des écoles en Alsace ; mais ce théâtre de luttes perpétuelles ne fut pas favorable au développement de l'esprit des habitants, dont le cœur, à travers les humiliations de toute nature, resta bon, généreux et patriotique.

Ils aimaient beaucoup les routes larges, droites et bien entretenues ; celles de l'empire qui conduisaient à Rome étaient ordinairement composées de trois couches différentes : moellons, graviers et pierres jointes avec du mortier ; celle qu'ils construisirent d'Ottrot à Sainte-Odile est construite de la même façon.

La première route militaire établie en Alsace fut celle de Vipsonius Agrippa, beau-frère d'Auguste ; elle conduisait de Vesontio au Rhin. L'Itinéraire d'Antonin nous fait connaître celles qui existaient dans cette province au quatrième siècle ; la principale est celle du Rhin ; elle allait de l'Italie, par l'Helvétie, à Augst, Kemps, Brisach, Ell, Strasbourg, Seltz, Mayence, jusqu'à l'embouchure du Rhin ; on en voit encore quelques vestiges près d'Othmarsheim ; les habitants du pays l'appellent *haute route, hohe stros* (hohe strasse), à cause de son élévation au-dessus du niveau des champs.

Deux autres conduisaient de l'Helvétie dans le pays des Séquaniens ; une troisième de Besançon à Kemps, au Rhin, par Largitzen.

Dans la Basse-Alsace, il y en avait plusieurs : de

Horbourg à Ell, de Strasbourg à Brumath, de Brumath à Metz.

Le général romain, en plantant son épée sur les bords du Rhin, avait fait passer aussi le souffle des mœurs de Rome sur cette province, qui n'était pas à bout de ses misères, triste dédommagement de son indépendance. Harcelée et ravagée sans cesse par les barbares, l'Alsace tomba au pouvoir des Germains, qui la ravageaient depuis quatre-vingt-dix ans.

Elle ne fut pas épargnée, au cinquième siècle, par les hordes d'Attila. Metz et Strasbourg furent livrées aux flammes pour avoir fourni des armes contre les Germains.

La constitution, les lois, les mœurs et la religion subirent une révolution effrayante en Alsace ; plus de commerce, plus d'industrie ; la guerre et la chasse devinrent les seules occupations.

Vengée par le général romain Aétius, dans les champs de Châlons-sur-Marne, où plus de deux cent mille hommes restèrent sur le champ de bataille, l'Alsace recueillit avec les Gaules le fruit de la célèbre bataille de Clovis à Tolbiac, en 495, qui fut la destruction des Germains.

Le savant jésuite Henschenius affirme que c'est près de Strasbourg que Clovis remporta cette sanglante victoire.

L'autorité de ce savant doit être d'un grand poids dans ce genre d'érudition ; c'est à lui que l'on doit la connaissance des trois Dagobert ; c'est lui aussi qui a su démêler la suite des premiers évêques de Strasbourg.

A quelle époque le christianisme pénétra-t-il en Alsace? Question bien controversée. L'opinion de Hertzog, qui prétend que, soixante ans après la naissance de Jésus-Christ, saint Materne, dont les savants Bollandistes ont tiré les actes de la poussière, vint prêcher en Alsace, nous paraît la plus rapprochée de la vérité. Mais, exposée aux attaques incessantes des peuples barbares, la religion du Christ n'a pas échappé à la persécution et aux vicissitudes. On peut affirmer qu'elle n'a pris véritablement racine dans les âmes qu'après la victoire de Clovis, en 495. Ce fut ce roi qui jeta les premiers fondements de la cathédrale de Strasbourg (504).

Comme l'Alsace a toujours fait partie des Gaules, qu'elle a été le théâtre d'une continuelle lutte dont l'invasion et l'avidité des Germains étaient les principales causes, il est bien aisé de comprendre que les superstitions de ces deux nations y ont eu leurs sectateurs dans les premiers temps.

Les Germains, au rapport de Tacite, sacrifiaient à Mercure des hommes et à Mars des animaux. Sans renfermer ces divinités dans des temples, ils leur consacraient des arbres, des bosquets, des endroits reculés et des forêts (Tacite, *De Mor. Germ.*, c. 9).

Les Gaulois, dit César, avaient un culte particulier pour Mercure, dont les statues furent très-nombreuses; Apollon, Mars, Jupiter et Minerve étaient aussi l'objet de leurs adorations. La plupart de ces

divinités avaient leurs partisans en Alsace, avant
qu'elle eût cessé d'être idolâtre. On y voit encore de
nombreux vestiges d'autels et de statues qui nous
donnent une idée de cet affreux mélange de superstitions. Consultez l'auteur alsacien Beatus Rhenanus (l. III, p. 177).

Saint Irénée, évêque de Lyon, qui, suivant saint
Basile, touchait au temps des apôtres, et qui, au
rapport de saint Jérôme, avait eu pour maître saint
Polycarpe, disciple de saint Jean, nous donne une
idée de la puissance du christianisme en Alsace dès
le deuxième siècle (Irenœus, *Contra hæreses*, l. I,
c. 10). Il y avait donc, sur la fin du deuxième siècle,
dans les Gaules et sur la rive gauche du Rhin, non
seulement des chrétiens épars, mais des églises
établies, qui, par l'autorité de leur tradition et de
leur créance, pouvaient instruire, détromper et
convaincre les ennemis de la vérité.

Quatre-vingt-dix ans après saint Irénée, Tertullien
écrivit ses livres contre les juifs. Ce chrétien nous fait
connaître l'extension de la religion de Jésus-Christ
dans les Gaules, les Germanies, la Grande-Bretagne.
Il est intéressant de suivre ces Pères de l'Église
dans leur lutte avec les hérétiques ; leur témoignage
est irrécusable. Les réflexions de saint Irénée
(*Contra hæreses*, l. III, c. 2, n° 2) sont, en ces temps
d'exil et de persécution religieuse, une grande consolation pour les catholiques d'Alsace, attachés toujours au siége de Rome. L'histoire du christianisme
nous apprend que saint Pierre a envoyé des hommes

apostoliques en Alsace presque aussitôt que les apôtres ont commencé à prêcher à Rome.

Théodose le Jeune avait rédigé son code en 438. Les Visigoths et les Bourguignons avaient donné des lois aux peuples soumis dans les Gaules à leur domination.

Clovis avait compris que les lois sont le fondement de tout gouvernement, qu'elles maintiennent dans un État l'ordre et la paix.

Plusieurs auteurs ont cru que Pharamond était l'auteur de la loi salique ; d'autres en donnent tout l'honneur à Clovis, qui la christianisa après son baptême. « Les Français, dit Agathias, auteur contemporain, habitent le long du Rhin » (l. i, 12). L'Alsace se vit donc obligée de quitter une partie de ses anciens usages pour se conformer aux lois que le nouveau monarque avait promulguées dans tous ses États.

On aurait tort d'assurer que la loi salique, véritable immolation de la femme, fut l'unique règle du gouvernement d'Alsace ; trop pauvre en règlements, elle aurait été impuissante à maintenir dans tous les cas l'ordre et la justice. Clovis avait permis que, dans certains cas, ses sujets prissent pour règles les lois romaines.

« Les Français, dit Agathias, suivent presque toujours la police et les lois romaines, donnent une même forme à leurs contrats, observent de semblables règles pour leurs mariages et la même discipline par rapport au culte de Dieu ; ils ont des prêtres et des magistrats dans les villes, et, pour des barbares, ils sont *très-polis et très-civilisés.* »

Notre province, aujourd'hui, peut se glorifier du portrait de ses pères fait sous le règne de Clovis.

L'exemple de ce roi avait produit les plus heureux effets sur ses sujets, et principalement sur l'Alsace ; il purgea complètement cette province de l'idolâtrie et de l'hérésie, et la préserva de la contagion de l'arianisme.

Les évêques n'étaient pas seuls à seconder Clovis dans son apostolat ; des âmes d'élite travaillaient à inspirer la piété chrétienne. Saint Fridolin, sorti de Poitiers avec des reliques de saint Hilaire, se dirigea sur l'Alsace, bâtit un couvent sur la Moselle, une église dans les Vosges et une autre à Strasbourg, et vint fonder le monastère de Kisingen, dans une île du Rhin, à quelques lieues au-dessus de Bâle.

Avant de mourir, en 511, âgé de quarante-cinq ans, après un règne de trente ans, Clovis, pour assurer la tranquillité de l'Alsace et propager la foi chrétienne, s'était emparé du royaume de Cologne.

A la mort de ce roi, l'Alsace fut comprise dans le royaume d'un de ses fils, Thierry, qui, avide de policer tous ces peuples voisins de nos pères et de les christianiser, songea à leur donner des lois qu'il fit élaborer avec soin. Le paganisme des Germains s'opposa aux salutaires effets d'un si grand dessein et força Thierry à apporter dans ce code bien des changements heureux, principalement au sujet de la loi salique.

Agathias nous apprend que, du temps des fils de Clovis, le commerce des Allemands avec les Français détrompait peu à peu, au delà du Rhin, les plus grossiers adorateurs des dieux les plus bizarres.

Les premiers rois français, qui avaient tous des résidences en Alsace, où ils fondèrent des monastères, tout en donnant parfois l'exemple de la discorde, travaillaient à christianiser tous leurs nouveaux États, seul et infaillible moyen de maintenir les peuples dans l'ordre et la paix.

Incorporée au royaume d'Austrasie, l'Alsace fut érigée en duché vers le septième siècle. Athic, ou Adalric, fut le plus célèbre de ces ducs, père de sainte Odile, fondatrice du poëtique et pittoresque monastère de ce nom, et ami de Childéric II. Fondé par les Mérovingiens, ce duché fut supprimé par Charles Martel, inquiété par la puissance des ducs d'Alsace. Cette province fut alors gouvernée par deux landgraves, dont l'un administrait le *Sundgau*, comprenant la Haute-Alsace, de Colmar à Bâle, et l'autre, le *Nordgau*, ou Basse-Alsace, de Colmar à Strasbourg et plus loin.

Charlemagne apparaît ; notre patrie jouit d'une tranquillité profonde. Il porta la civilisation jusqu'aux extrémités de l'Allemagne et empêcha les barbares de pénétrer en Alsace, où les attiraient toujours la douceur du climat et la fertilité du sol. Il confirma les priviléges des abbayes de Mourbach, de Honau, de Wissembourg, d'Ebersmunster, et de la cathédrale de Strasbourg, à laquelle il fit de nouvelles grâces. Tous les ans, il venait se reposer en Alsace et chasser dans les Vosges.

Il se rendit à Schlestadt, en 776, pour régler les différends survenus entre ses sujets et l'abbaye d'Honau, et y célébra la fête de Noël.

Comme Charlemagne se rendait souvent en Alsace pour y chercher du repos et des distractions, les seigneurs de la cour y construisirent des châteaux. C'est à cette époque que Gérold, comte de Souabe, fit construire le château de Géroldseck, dont il ne reste plus qu'une vieille tour.

Les troubles qui désolèrent l'empire sous Louis le Débonnaire furent funestes aussi aux Alsaciens.

C'est dans les environs de Colmar, dans une plaine qui a conservé le nom de *champ du mensonge*, que le successeur de Charlemagne fut victime de la trahison de ses fils. Cette déposition de Louis le Débonnaire pesa bien lourd sur l'Alsace, qui déjà, en 833, fut préparée, par une de ces mutations révoltantes dont elle fut l'objet, à l'avenir de 1871.

Grégoire IV accompagnait les fils rebelles, dont les armées campaient dans la plaine de Colmar. Pendant que le pape tint des conférences avec l'infortuné successeur de Charlemagne, les enfants de ce faible monarque débauchèrent ses troupes. Cette trahison fit donner à la plaine qui en fut témoin le nom de *champ du mensonge*.

Sa véritable position n'est cependant pas exactement connue, puisque Grandidier place cet événement à Sigolsheim, Schilter, au Rothleuble, près de

Colmar, Laguille, à Rouffach; et, enfin, Schoepflin
le transporte dans la plaine de l'Ochsenfeld, où un
canton de plus de cent arpents a conservé le nom
de *Lügner*, menteur. Ce qui est plus certain, c'est que
ces fils dénaturés, après avoir fait enfermer leur père
dans un cloître, à Soissons, se partagèrent l'empire.

L'Alsace échut avec l'Allemagne à Louis le Germanique et resta ainsi séparée de la France pendant
huit siècles, abstraction faite de son retour momen-
tané sous le sceptre de Charles le Simple.

Cette ingrate brutalité ne pouvait vraiment pas
assurer la moindre entente entre ces trois ambitieux.

Louis le Débonnaire mort en 840, son fils Lothaire,
maître de l'Italie et des provinces de la Meuse et du
Rhin, passe les Alpes, tombe en Alsace et se fait
écraser par ses deux frères, Charles le Chauve et
Louis le Germanique, à Fontenay, en 841.

Ce fut encore dans cette province, au milieu d'une
vaste plaine, que cette fraternité victorieuse conclut,
en présence de leurs soldats, une alliance solennelle. Cet acte politique a été conservé comme le
plus ancien monument des langues romane et
allemande.

Trois années après, en 843, le traité de Verdun fit
passer l'Alsace sous la domination de Lothaire.

Lothaire mort, Charles le Chauve et Louis le
Germanique s'emparèrent de la succession, au préjudice de Louis II, empereur d'Italie, fils du défunt,
empêché, par une guerre avec les Sarrasins, de

défendre ses droits contre l'ambition de ses oncles.
Le partage du royaume de Lorraine, dont faisait
alors partie l'Alsace, se fit le 8 août 870, dans une
île de la Meuse, à Procaspis, entre Mersen et,
Herstall, à la fin d'un orageux festin d'où les ambitions respectives avaient chassé le calme et le
plaisir. C'est ainsi qu'avec le terrain l'âme gauloise
de ce peuple gaulois échut en partage, comme une
prairie avec son troupeau, à Louis, et demeura
réunie à l'Allemagne jusqu'en 1648.

Nos anciens historiens gardent le silence sur
l'usurpation que Louis fit de l'Alsace ; mais la charte
accordée par ce prince au monastère de Saint-
Étienne, de Strasbourg, à la prière de l'abbesse
Basile, ne permet pas d'en douter. Ce diplôme a été
copié fidèlement par Schilter.

Important événement dans l'histoire de cette
malheureuse province, qui, comme un lot d'im-
meubles, passa à Louis le Germanique ! Ce caprice
du sort, en changeant les choses, n'a jamais pu
changer les âmes, qui ne sauraient former lot et
échoir par hasard à tel ou tel tyran. Elles sont et
resteront intransmissibles par nature.

Sous les successeurs de ces deux princes, les
provinces d'Alsace et de Lorraine donnèrent lieu à
plusieurs guerres, auxquelles Henri Ier l'Oiseleur
vint enfin mettre un terme en réunissant ces deux
pays à l'empire germanique, en 925.

Le lecteur, indulgent par patriotisme, nous permettra d'interrompre un instant le récit des faits pour dire un mot sur l'organisation en général de cette province pendant cette intéressante période que nous venons de traverser.

Les biens-fonds, en Alsace, étaient de trois espèces :

1° Les terres franches, ou francs-alleux (*allodia*), terrains qui avaient été laissés aux anciens habitants ou que les conquérants avaient obtenus originairement en libre possession ;

2° Les biens de la couronne, ou domaines que le roi s'était réservés pour lui-même ;

3° Enfin, il y avait des bénéfices, nommés plus tard fiefs (*feuda*), donnés par le roi, à titre d'usufruit, à ses généraux et à ses soldats, en récompense de leurs services, soit pour un temps limité, soit pour toute la vie ; les usufruitiers de pareils bénéfices s'appelaient vassaux (*vassi fideles*) ; ils étaient astreints au service de la guerre. Le feudataire mort, le fief retournait au souverain.

A l'exemple des princes, les grands donnaient des fiefs à leurs leudes pour les engager au service militaire. On avait fini par joindre les fiefs aux dignités et aux emplois.

Ce système féodal porta atteinte dans la suite à la liberté nationale et aux souverains eux-mêmes. De là des luttes violentes, envenimées chez les uns par les excès de la liberté outragée, et chez les autres par les expédients misérables de l'égoïsme.

Tout homme pouvait, au commencement, se pré-

senter à l'assemblée nationale et y prendre la parole ;
mais ce droit individuel à la législation du pays
gêna les vassaux dans leurs prétentions ; il fut
supprimé. Le roi, soutenu par les grands, augmenta
ainsi son pouvoir. Mais ces derniers ne s'arrêtèrent
pas dans leurs prétentions et l'extension de leurs
droits personnels au préjudice des droits de chacun.
Leurs flatteries leur valut, de la part du roi, l'hé-
rédité de leur dignité, la suprême juridiction, le
droit de battre monnaie, d'établir des péages et de
faire des règlements dans leurs territoires.

L'équilibre était rompu, et la guerre et le pillage
à l'ordre du jour. Le pauvre paysan alsacien était
principalement victime de toutes ces exactions.

Le clergé jouissait d'une grande considération
dans cette période et dans plusieurs siècles sui-
vants. Grossier, le peuple avait une âme vierge du
scepticisme et de la corruption moderne. Les évêques
et les prélats étaient auprès du roi, car il se servait
souvent de leur crédit pour contenir le paysan dans
le devoir et paralyser la puissance funeste de la
haute noblesse.

Entre les laïques, le premier rang était occupé par
les ducs, les comtes et les seigneurs (*leudes*), qui
formaient la noblesse ; le reste du peuple se composait d'hommes libres, d'affranchis et de serfs.

La chasse, la guerre et les plaisirs occultes remplissaient la vie des nobles d'Alsace. Les champs
étaient cultivés par des serfs ; l'entretien et le soin
du bétail était presque inconnu dans la province.

L'industrie se bornait aux métiers les plus indispensables ; les femmes du peuple étaient occupées à filer, à tisser, à faire les habits de lin ou de laine. Les beaux-arts n'étaient connus que dans les couvents, et le commerce se bornait aux échanges. L'or était rare sous les rois mérovingiens ; cependant ils firent battre monnaie d'or et d'argent dont nos musées contiennent encore quelques pièces. Les conditions de la vie étaient très-favorables. Les grandes sommes se payaient en lingots, que l'on pesait ; de.là les noms de *livre*, *marc*, etc. Les juifs étaient les seuls commerçants de la province ; l'augmentation progressive de leur fortune leur valut la haine aveugle du peuple, peut-être parfois exploité dans son ignorance et sa naïveté. Les esclaves étaient, à cette époque, un important objet de commerce.

Les couvents seuls étaient les sanctuaires de la science, où les moines, manquant de parchemin, effacèrent les pensées des anciens pour les remplacer par des légendes et des prières.

Charlemagne avait compris la nécessité sociale et le devoir sacré d'élever le niveau moral et intellectuel des peuples ; il fut, pour ainsi dire, le premier qui poussa à l'instruction populaire dans cette Alsace qu'il avait tant aimée.

Depuis les migrations des peuples jusqu'à la fin du cinquième siècle, l'état de l'Alsace est couvert d'une profonde obscurité. Cette province fut en proie à une longue anarchie après les terribles dévasta-

tions causées par les incursions réitérées des barbares. Clovis y rétablit le premier un meilleur ordre
de choses.

Le monarque se trouvait à la tête du gouvernement avec un pouvoir limité, forcé de consulter le
peuple, ou du moins les notables du royaume, dans
toutes les affaires importantes; il tenait à cet effet,
le 1er mars de chaque année, une diète en plein air
(*campus Martii*).

On s'occupait, dans ces assemblées, des guerres,
de la promulgation ou de l'abrogation des lois, des
affaires du clergé, de la justice criminelle.

Le trône était héréditaire en ligne masculine; il
ne passait pas immédiatement au fils aîné du roi ; il
y eut même des enfants naturels qui y montèrent, et
souvent il fut partagé entre plusieurs. Nous avons
déjà dit que la loi fondamentale introduite et amé-
liorée par Clovis fut la loi salique, dont l'objet principal était la sûreté individuelle de tous les habitants. Nous savons que les Francs Saliens donnèrent
leur nom à ce code, le plus ancien monument légis-
latif qui nous soit parvenu des Germains, composé
vers l'an 422 de l'ère chrétienne.

Le duc d'Alemanie gouvernait au commencement
l'Alsace ; il avait encore sous sa domination la rive
droite du Rhin. Notre province obtint, au septième
siècle, un duc particulier. Les personnages revêtus
de cette dignité étaient Leuthaire et Bucelin, qui
vivaient vers l'an 540.

On compte parmi les princes les plus célèbres

d'Alsace, — triste célébrité de ces temps éloignés dont l'audace parfois et toujours la brutalité était la première condition, — Adalric, Athic ou Elicho.

Athic ou Adalric, premier duc dans la famille duquel le duché devint héréditaire, tenait ordinairement sa cour à Obernay, où l'on voit encore quelques restes de son château; il en bâtit un autre à la pointe d'une haute montagne voisine d'Obernay, et sur laquelle est placé le monastère de Sainte-Odile. Cette situation fit donner à ce château le nom de Hohenbourg. Du haut de ce lieu on découvre toute l'Alsace, qui présente un des plus ravissants panoramas de la nature. C'est là où le duc Athic fit élever son château. Le temps, ce grand justicier, n'en a conservé aucun vestige. Cette montagne et les deux autres qui la touchent sont encore environnées d'un ancien mur, large de cinq à six pieds, fait de grosses pierres taillées et liées ensemble par des morceaux de bois. On y voit encore des angles et des segments de tourelles qui nous autorisent à croire que ce n'est pas l'ouvrage d'Athic. Les historiens nous apprennent que c'est là que César avait placé un formidable camp retranché. Il est difficile de prouver que ce mur, connu par les habitants du pays sous le nom de *Haiden mauër*, mur des païens, soit l'ouvrage des Romains.

Peut-être M. de Moltke tirera-t-il un jour parti de cette position stratégique de premier ordre, dont César, malgré l'infériorité des engins primitifs de destruction, avait compris l'utilité et l'importance.

Athic eut une nombreuse postérité, de laquelle descendirent plusieurs familles régnantes et d'autres grandes maisons ; elle donna à l'Alsace, en ligne masculine, des ducs et des comtes, ceux d'Egisheim, et les ducs de Lorraine, les comtes de Roussillon, de Flandre et de Paris ; les landgraves du Brisgau, d'Altenbourg, de Lentzbourg et de Bade ; en ligne féminine, les empereurs d'Allemagne salique et la maison des Capets de France. Odile, la fille d'Athic, est vénérée comme une sainte. La jeunesse de ce prince a été marquée par des actes de cruauté et de vandalisme ; les dernières années de sa vie rachetèrent les atrocités de sa barbare jeunesse. Ses restes sont déposés avec ceux de sa femme sur le mont Sainte-Odile, dans un cercueil de pierre qu'on voit encore.

Son fils Adalbert lui succéda comme duc d'Alsace et éternisa sa mémoire par la fondation du couvent de femmes de Saint-Étienne, à Strasbourg, dont sa fille Attala fut la première abbesse.

La puissance des ducs en Alsace portait ombrage à l'autorité des rois. Lothaire II, roi de Lorraine, nomma encore, en 867, un duc d'Alsace, Hugues, son fils, que lui avait donné la fameuse Waldrode, sa maîtresse. La domination de Hugues, dernier duc en Alsace dans la période des Francs, fut restreinte par l'annexion de cette province à l'Allemagne en 870.

Des magistrats d'un ordre inférieur étaient chargés de la juridiction ou des affaires administratives dans les villes et les villages; ils étaient choisis parmi les vicomtes, les centeniers, juges pour cent familles, les dizeniers, exerçant la justice sur dix familles, les échevins, assesseurs auprès des tribunaux, les maires (*villici*), administrateurs des villes et des villages.

Le roi chargeait de temps en temps des envoyés extraordinaires (*missi regales*) d'inspecter la conduite des évêques, des ducs et des fonctionnaires publics en Alsace; il y en avait ordinairement deux, l'un pour les affaires religieuses et l'autre pour les affaires civiles.

La justice alors se rendait au nom du roi, juge suprême. Le duc ou le comte confirmait et faisait exécuter par les échevins le jugement prononcé conformément aux lois et aux coutumes du pays. Les échevins, élus par le peuple sous la présidence du comte, choisis par les plus capables, siégeaient ordinairement au nombre de sept.

Selon la coutume, le comte tenait trois fois par an les assises générales (*mallum* ou *placitum*), en plein air et sur une hauteur. Les affaires d'un intérêt majeur et les causes criminelles seules étaient portées devant ce tribunal, appelé à casser, s'il y avait lieu, les décisions des tribunaux des centeniers, en cas d'appel.

La simplicité et la clarté des lois avait rendu la procédure, dépouillée de toute écriture, courte et facile. Chaque particulier portait lui-même sa plainte; la partie adverse se défendait aussi elle-même. On ne pouvait avoir recours à la parole des avocats, appelés alors *clamatores*, crieurs, que dans des cas fort graves et importants.

Faute de témoignages, on eut recours au jugement de Dieu ou aux *ordalies*, moyens bizarres de cet âge superstitieux. Le guerrier se purifiait de l'accusation par un combat singulier ; les femmes et les personnes des basses classes se soumettaient à l'épreuve du feu ou à celle de l'eau chaude ou froide. L'accusé jeûnait et priait Dieu pendant trois jours ; puis on lui faisait retirer, en présence des prêtres et du peuple, un anneau béni du fond d'une cuve remplie d'eau bouillante. Lorsque l'accusé avait retiré son bras de la cuve, un prêtre l'enveloppait d'un sac qu'il scellait de son cachet. Si, après trois jours, on ne remarquait aucune marque de brûlure, l'accusé était innocent ; le cas contraire était une preuve de culpabilité.

L'épreuve de l'eau froide consistait à jeter l'accusé, pieds et mains liés, dans une rivière, un lac ou un fleuve ; s'il surnageait, il était déclaré innocent.

Pour passer par l'épreuve du feu, l'accusé marchait, pieds nus, sur des charbons ardents ; l'absence de brûlure était la preuve de l'innocence. Il n'est pas douteux que les prêtres faisaient usage de différents procédés chimiques qu'ils tenaient secrets.

Les épreuves de la croix, du sort et de l'hostie consacrée étaient aussi d'un fréquent usage. Avec quelle facilité la fraude et la malice ne devaient-

elles pas insulter la conscience publique et la sanction abandonnée à des préparatifs astucieux?

Les Francs n'avaient encore aucune idée d'armées
permanentes. Sur le point de faire la guerre, le
roi convoquait le ban et l'arrière-ban; bref, il som-
mait les ducs et les comtes d'amener chacun le
nombre de soldats qui leur était prescrit. Tout
homme libre était tenu de prendre les armes à ses
propres frais, car il combattait pour sa propriété.
Les dons du roi et une partie du butin tenaient lieu
de paye.

II

L'Alsace pendant la période germanique

La période germanique comprend l'espace de temps écoulé depuis le commencement du gouvernement de Louis jusqu'au traité de paix de Munster, en 1648, par lequel l'Alsace retourna à la France (870-1648).

Quam miserum auxilium est, ubi nocet, quod sustinet!
PUBLIUS SYRUS.

Quel triste appui que celuiqui blesse alors qu'il soutient.

Le crime de lèse-volonté ne suffisait pas pour punir l'Alsace de la fertilité de son sol et de toutes les richesses dont la nature l'avait doté; il fallait d'autres épreuves, dont la chaîne s'est prolongée jusqu'en 1871. Les Hongrois, qui, en 916, avaient déjà fait une apparition de bandits dans le Sundgau, renouvelèrent, en 926, les plus horribles excès, que Henri l'Oiseleur eut de la peine à réprimer.

Nouveau changement de propriétaire : l'empereur Henri donne l'Alsace à Hermann, duc de Souabe, dont les successeurs prirent le titre de duc d'Alsace. L'ambition d'un Hohenstauffen rendit héréditaire ce titre, qui mourut à Naples, en 1268, dans la personne de Conradin de Souabe, le dernier de cette maison.

Guerres continuelles de seigneur à seigneur, ravages périodiques, abus de la féodalité, tels furent les fléaux qui désolèrent l'Alsace pendant les tristes années de la domination des ducs de Souabe.

La Souabe, en allemand, *Schwaben*, en latin, *Suevia*, ancienne division de l'Allemagne, au sud-ouest, n'avait pas de limites bien déterminées. On la place ordinairement entre la Thuringe au nord, la Forêt-Noire à l'ouest et la Bavière à l'est; du côté du sud, elle dépassait le Rhin et s'étendait en Suisse. Les villes principales étaient Zurich, Augsbourg, Ulm, Constance, Tubingue, Bade, Hall, Rhinfeld, Nordlingen, etc. Divisée d'abord en cantons, tirant leurs noms des rivières *(le locher)*, puis en seigneuries et en comtés divers, la Souabe, dont le nom vient des Suèves, ne date que du dixième siècle et faisait partie de l'ancienne Alemanie.

Les Hohenstauffen régnèrent sur la Souabe de 1080 à 1268. Depuis cette maison, le duché fut réuni à l'empire.

Les landgraves (en allemand, *landgraf*, comte du

pays), avaient été conservés sous les ducs de Souabe. Autrefois, on appelait ainsi les comtes nommés par l'empereur pour rendre la justice en son nom à l'intérieur du pays. En 1130, Louis III, comte de Thuringe, prit le titre de landgrave, qui, depuis ce temps, a été adopté par plusieurs souverains, entre autres par Thierry, comte de Basse-Alsace (1137) et par Albert de Habsbourg, comte de Haute-Alsace (1186).

Ce fut encore l'ambition d'un Habsbourg qui rendit, vers la fin du onzième siècle, cette charge héréditaire. Le landgraviat du Sundgau fut conservé dans cette famille jusqu'au traité de Westphalie ; celui du Nordgau appartint jusqu'au quatorzième siècle aux comtes de Wœrdt et fut occupé ensuite par ceux d'Œttingen.

Par l'effet d'un de ces trafics d'âmes, honteux abus de la faiblesse du peuple d'alors, inconscient de sa force et de ses droits, l'évêque de Strasbourg, Jean de Lichtemberg, se trouva investi de la juridiction du landgraviat dans toute la Basse-Alsace. Les deux derniers comtes d'Œttingen, landgraves, avaient, en 1362, vendu au prélat les fiefs de l'empire et de l'évêché qui étaient en leur possession.

L'empire germanique était en proie aux troubles fatals de la féodalité. Les ambitions brutales, les crimes, les débauches et les passions de cette meute de seigneurs, à la piste du plaisir, avaient fini par tuer les institutions nées sous le règne de Charlemagne.

L'Alsace compta alors de bien mauvais jours ; elle

était devenue le théâtre d'une hostilité chronique
dont la cause et l'effet étaient l'avidité et le pillage.
Une haie ou un morceau de pré suffisait -pour
donner occasion à de rudes combats et à de violents
incendies. C'est ainsi que les seigneurs de Horbourg
perdirent leur château, rasé par le comte de Habsbourg en 1162. Quelques années après, Colmar fut
témoin d'un terrible combat donné entre Cunon
d'Horbourg et Egiloffe, dans un lieu connu aujour-
d'hui sous le nom de Logenheim, petit village situé
sur l'Ill.

Les nombreuses ruines de ces châteaux, que ces
brigands dorés avaient fait construire, au mépris de
l'humanité, sur les hauteurs les plus escarpées des
Vosges, et placés toujours de manière à dominer
une plaine, champ d'exploitation, de pillage et
d'assassinat, charment l'artiste par leur aspect pittoresque et sauvage, mais font saigner le cœur de tous
les amis de l'humanité. Dans ces vieilles tours
lézardées et recouvertes par la nature d'une épaisse
tenture de lierre pour voiler ces murs souillés,
on découvre ici, dans le haut, des salles de festin, de
débauche et de crime, et là, dans le fond, dans
l'ombre, au milieu des reptiles, les ossements
moisis de quelque malheureux, victime de la cruauté
du seigneur, réalisant le vers de Juvénal :

Sic voleo, sic jubeo stat pro ratione voluntas.

Un homme ou une femme avait disparu : c'était la

volonté du seigneur. Une sombre et humide cave, un peu de paille, quelque nourriture jetée par une ouverture, la société de quelques crapauds tombés dans ce trou, tel était le principe de la science pénitentiaire. Prévention, accusation, instruction, condamnation, système de détention, le seigneur ne connaissait pas tout cela ou s'en passait volontiers; il était plus pratique, lui. Les systèmes de Philadelphie, d'Auburn, de classification selon les moralités, les lois organiques des pénitenciers d'Europe, tout cela aurait été pour lui de la comédie s'il avait pu en avoir connaissance. Il avait un code pénal à lui, dont la philosophie se résumait en ces quelques mots : supprimer l'individu. Tous les moyens étaient bons.

Allez visiter le bagne de Toulon, et vous trouverez le type abâtardi de ces chevaliers tristement fameux et fièrement bandits dans nos forçats modernes.

Le paysan fuyait ou se cachait; ceux qui restaient tremblaient. L'avenir du pays était compromis par cet état de choses ; le danger était imminent. Les empereurs se décidèrent à affranchir, par intérêt, et non par mesure politique d'un ordre élevé qu'ils ne pouvaient comprendre et atteindre, retenus par l'avidité et l'égoïsme de la débauche dans ces bas-fonds de la pensée d'où l'âme sort vaincue, flétrie et féroce, un grand nombre de communes, et à leur concéder des priviléges, afin d'y attirer les habitants et de créer ainsi, sur les différents points de l'empire, une puissance capable de contre-balancer et même de neutraliser celle des seigneurs et des grands.

Nous nous croyons tenu de mentionner ici le préfet Wolfelin qui, sous Frédéric II, travailla activement à l'organisation de ce tiers-état qui devait jouer plus tard un si grand rôle. Sous la tutelle de ces libertés politiques, de ces priviléges et de ces immunités, le commerce prit un grand développement. L'alliance offensive et défensive contractée par les villes situées sur le Rhin, en 1255, et connue sous le nom de *ligue du Rhin* (1), contribua beaucoup à l'essor et à la prospérité commerciale. Strasbourg, Colmar, Schlestadt, Brisach, Haguenau, Wissembourg, Lauterbourg et Bâle y prirent part. Malheureusement cette ligue fût plutôt un épouvantail qu'un remède ; elle n'avait pas atteint le vice constitutif et chronique de cette phthisie qui desséchait alors la société ; le désordre était dans les mœurs, qui, selon qu'elles se rapprochent de l'idéal ou descendent dans la fange, donnent ou enlèvent la vitalité à un peuple.

Ces ligues se renouvelèrent souvent en face du danger, et leur histoire est des plus intéressantes au point de vue moral et social.

Nous nous contenterons d'en citer deux.

(1) Confédération de soixante villes des bords du Rhin, formée en 1247, dans le but de se protéger contre les seigneurs, et approuvée par Guillaume de Hollande en 1255. Elles s'engageaient à équiper six cents navires sur le Rhin pour assurer la liberté du commerce ; des assemblées devaient se tenir tous les trois mois. Les archevêques de Trêves, de Mayence et de Cologne y accédèrent.

1° Celle de 1343, contre Armleder, l'exterminateur des juifs. A l'exemple de saint Bernard, un certain moine, nommé Rudolphe, d'une capacité médiocre, mais d'une vie très-austère, vint prêcher la croisade en Alsace; quoique il n'eût pas reçu sa mission du pape ou des évêques, il souleva les populations, qui se hâtèrent de prendre la croix. Mais, séduit par un excès de zèle qui se changea en délire, il osa prêcher la destruction des juifs, comme ennemis du Christ. Cette atroce doctrine coûta la vie à plusieurs milliers d'hommes. Saint Bernard, navré de douleur à cette nouvelle, eut de la peine à détromper les peuples exaltés par la passion de Rudolphe.

2° Celle de 1365, contre les bandes anglaises.

Quelques années après, Enguerrand de Coury, revendiquant le landgraviat de la Haute-Alsace, comme héritier, par sa mère, de l'empereur Albert Ier, poussa le cri de guerre dans notre pauvre Alsace, qu'il quitta ravagée, chassé par la famine.

Voilà l'Alsace délivrée? Nullement.

Une nouvelle guerre éclata dans cette province, tant éprouvée par les passions des grands. En 1385, les villes du Rhin se liguèrent contre la noblesse. Mayence, Worms, Spire et Strasbourg ravagèrent, en 1388, les possessions du comte palatin Robert, qui se retourna, terrible et cruel; Hochfelden, Reichshoffen et les environs de Haguenau sont mis au pillage. Ce n'était rien. Le margrave de Bade et le comte de Linange attaquèrent Strasbourg, et l'Alsace entière n'offrit bientôt plus qu'un vaste champ de bataille. Cinquante villages étaient devenus la proie des flammes. La paix s'imposa d'elle-même devant ces monceaux de cadavres entourés de feu et de sang, et les villes confédérées, Strasbourg excepté, furent obligées de payer de fortes sommes aux nobles.

Ce n'était pas assez : elle rampait encore dans son sang, cette province martyre, cherchant à se relever, lorsque Bruno de Ruppolstein enfonça sa dague dans son sein; c'était en 1392. Le cœur, cependant, n'avait pas été atteint.

L'histoire de l'Alsace au quinzième siècle se termina par les invasions des Armagnacs, la guerre des Six Oboles (1446), la vente du landgraviat d'Alsace, avec le Sundgau, le comté de Ferette et le Brisgau, par Sigismond d'Autriche au duc de Bourgogne.

Le seizième siècle s'annonça par un mouvement d'une autre nature : l'esprit de la réforme religieuse souffla, brûlant, sur les cœurs. L'Alsace n'échappa pas à ces discussions, qui se terminèrent par un bouleversement nouveau et général de notre chère province.

La guerre des paysans, mêlés à ces luttes, sévissait avec rage et cruauté (1525). Le pauvre travailleur de la terre, qui, dans le principe, n'avait pris quelque arme rouillée et cassée que pour s'affranchir d'odieuses exactions, perdit l'équilibre, tomba sur le souvenir des atrocités dont il avait été l'objet, se releva, et alla piller et incendier à son tour, avec une brutalité atroce, les châteaux de ces seigneurs qui l'avaient abruti dans l'ignorance et rendu féroce par leurs vexations. C'est là une loi morale qui, pour le malheur et la honte de l'humanité, s'est tant de fois vérifiée. Devant ce pressant danger, tous les partis oublièrent un instant les ressentiments qui les divisaient et se liguèrent contre l'ennemi commun, qui fut écrasé à Scherwiller (1), le 2 mai 1525.

Point de paix; le catholique et le protestant, animés l'un et l'autre d'un fanatisme également coupable, s'observaient, se heurtaient et se déchi-

(1) Scherwiller, bourg du Bas-Rhin, arrondissement de Schlestadt, canton de Villé, sur le Scheer, qui lui donne son nom et qui alimente cinq moulins de la commune, sur la route d'Ebersheim à Steigé. Ce pays est très-fertile, et la qualité de ses vins lui ont donné une certaine réputation.

Ce fut là que la vengeance du peuple ignorant se dévoila dans toute son atrocité. Dix mille paysans restèrent sur le champ de bataille. Cette hécatombe termina, en laissant une terrible leçon, cette guerre qui coûta à l'Alsace plus de vingt-cinq mille de ses plus robustes enfants et fut la cause de la perte d'un grand nombre de villages.

Au-dessus de Scherwiller, sur une montagne qui domine le val de Villé, s'élèvent les ruines des châteaux d Ortemberg et de Ramstein. Le premier exploitait vingt-deux villages et hameaux répandus dans cette vallée et dut sa construction à un comte Werher d'Ortemberg; le second fut construit par Otton d'Ochsenstein et passa, en 1361, aux Zorn de Bulach; il fut dévasté par les Strasbourgeois en 1420.

Le château d'Ortemberg a été merveilleusement construit et placé dans une position ravissante. L'artiste copie la tour, qui se compose de cinq pans d'inégale largeur et qui est carrée à l'intérieur, et le philosophe médite et pleure à la vue de ces ruines !

Nous flétrissons en passant, la mort dans l'âme, et le seigneur dans son égoïsme et dans sa puissance autoritaire, et le peuple dans les horreurs de sa vengeance; le premier nous remplit de dégoût, et le second, de pitié.

raient. Cette question de la réforme était devenue, selon l'expression d'un historien sincère de l'Alsace, comme un volcan dont les éruptions semblaient devoir engloutir l'Europe et d'où sortit enfin la guerre de trente ans.

L'histoire et l'art se refusent à reproduire les atrocités dont cette province fut alors le théâtre. Impériaux et Suédois se la disputaient et la couvrirent de feu et de sang.

Le fameux général de Gustave-Adolphe pénétra en Alsace en 1632. Presque toute la noblesse du pays se déclara pour le parti protestant, soutenu par la France et la Suède.

Benfeld, après une héroïque résistance, tombe entre les mains des Suédois. Le duc de Lorraine, maître de Saverne, s'oppose aux Suédois; Horn le bat et s'empare de Schlestadt, de Kaisersberg, de Turckheim, de Munster et de Colmar. Strasbourg, qui s'était placé sous la protection de Gustave-Adolphe, fournissait des secours à ses soldats et fut épargné. Battus, les Impériaux se retranchèrent dans les murs de Haguenau, qui seul leur restait encore.

Le 6 septembre 1634, le maréchal de Horn et le duc Bernard de Saxe-Weimar furent écrasés à Nordlingen (Bavière) par les Impériaux. Les Suédois, ne pouvant conserver les places dont ils s'étaient emparés dans la Basse-Alsace, les remirent aux Français, à l'exception de Benfeld, qu'ils donnèrent plus tard à l'évêque de Strasbourg.

Le fameux duc de Weimar, champion du protestantisme, qui s'associa aux armes de Gustave-Adolphe, fit de brillantes actions à l'affaire de Werben, aux siéges de Wurtzbourg et de Manheim, battit, en 1638, les Impériaux à Wittenwihr et les Lorrains à Cernay, avec le secours d'une armée auxiliaire de la France. C'est à ce prince que la France s'était engagée à remettre l'Alsace après la paix; mais il mourut à Huningue l'année suivante et laissa par sa mort, au cardinal de Richelieu, la faculté de conserver l'Alsace à la France.

Pendant dix ans encore, les partis continuèrent la guerre avec des alternatives de succès et de revers, en dépit des négociations entamées et qui durèrent six ans. La cause de cette atroce lutte partait de la disposition particulière du cœur des chefs et devenait par là un problème insoluble par le fer et le sang.

Ce ne fut qu'en 1648, le 24 octobre, que fut conclu à Munster le traité de Westphalie, qui mit fin à cette guerre si longue et si désastreuse pour notre malheureuse Alsace.

Le traité de Westphalie, acte politique de la plus grande importance, aurait pu assurer la paix sociale, politique et religieuse, sans l'ambition et l'égoïsme des grands. Il se compose de deux traités particuliers, signés, le premier, à Osnabrück, le 6 août 1648, et le second, à Munster, le 24 octobre 1648, deux villes de Westphalie. Étaient parties, dans le premier, l'empereur Ferdinand III. d'un côté, et la Suède et ses alliés protestants de l'autre; dans le second, l'empereur d'un côté, et la France et ses alliés catholiques de l'autre.

Le traité de Westphalie, qui fit rentrer dans la grande famille française cette enfant martyre de l'ambition des grands et de la sordidité brutale et sauvage de ces soudards allemands, couvrant leurs infamies des dehors pompeux du seigneur, se divise en trois parties et fut conclu aux dépens de l'Autriche et de l'Église.

Clauses territoriales

1° Pour la France, reconnaissance de la conquête des Trois-Évêchés et de l'Alsace, Strasbourg et Montbéliard exceptés.

2° Pour la Suède, la Poméranie citérieure, l'île de Rugen, Wismar, l'archevêché de Brême et l'évêché de Werden sécularisés, avec trois voix à la diète de l'empire.

3° Pour l'électeur de Brandebourg, l'archevêché de Magdebourg, et les évêchés d'Halberstadt, de Minden et de Camen sécularisés.

4° Pour le duc de Mecklembourg, les évêchés de Ratzebourg et de Schwerin.

5° Pour le landgrave de Hesse et le duc de Brunswick, des abbayes sécularisées.

6° Pour l'électeur palatin, restitution du Bas-Palatinat et de la dignité électorale.

7° Reconnaissance formelle de l'indépendance des Provinces-Unies et de la Suisse.

Clauses politiques

L'empereur ne peut rien faire, pour les objets d'intérêt général, sans les diètes nationales. Les princes, les États et les villes libres ont l'exercice de la souveraineté territoriale, c'est-à-dire le droit de se gouverner eux-mêmes et leurs sujets, et celui de faire des alliances, soit entre eux, soit avec les puissances étrangères ; leur nombre est fixé à 343, dont 158 séculiers, 123 ecclésiastiques et 62 villes impériales.

Clauses religieuses

Confirmation de la paix de religion de Passau, signée en 1552, préliminaire de celle d'Augsbourg, rendant la liberté à l'électeur de Saxe et au landgrave de Hesse, prisonniers de Charles-Quint, et accordant aux luthériens la liberté de culte.

Les calvinistes jouissent des mêmes avantages que les luthériens.

L'exercice public de la religion et la jouissance des biens ecclésiastiques sécularisés sont remis sur le même pied qu'avant 1624. Vingt-quatre protestants seront admis dans la chambre impériale et six dans le conseil aulique.

Liberté religieuse accordée aux protestants, garantie de l'équilibre européen, autorité morale de la France, voilà les conséquences de ce traité : pas sérieux vers la vérité.

Le quatre-vingt-septième article de la paix de Westphalie porte que « resteront soumis à l'empire les évêques de Strasbourg et de Bâle, la ville de Strasbourg, les abbés de Mourbach et de Lure, l'abbesse d'Andlau, le monastère des bénédictins à Munster, au val Saint-Georges, les palatins de La Petite-Pierre, la noblesse de toute l'Alsace inférieure et les dites villes impériales qui reconnaissent la préfecture de Haguenau. » Cet article maladroit et insensé suffisait à lui seul pour annuler moralement les autres ; il pouvait à tout jamais conserver l'élément germanique prépondérant dans cette province, qui, à travers les plus horribles orages, n'a jamais fait injure à son origine gauloise, dont un perpétuel attachement à la France et les derniers exemples de patriotisme ont établi d'une manière irréfragable la véracité et la puissance.

A l'égard de la *religion*, il fut statué (traité d'Osnabrück, art. v, § 1) que le traité de Passau de 1552 et la paix de religion d'Augsbourg de 1555 seraient exécutés selon toute teneur, et que les réformés jouiraient des mêmes droits que les luthériens. Une pleine et entière liberté de conscience fut assurée aux trois partis religieux.

A l'égard des *biens ecclésiastiques* (traité d'Osnabrück, art. v, § 14), chaque parti devait conserver ceux qu'il avait possédés avant le 1er janvier 1624.

Cette même année normale (*annus normalis*) devait déterminer aussi le droit public de chaque église.

C'est sous ces conditions que cette province, destinée à un continuel martyre, retomba dans les bras de la mère-patrie.

Population en partie détruite par le feu, la maladie et la faim, en partie mutilée, campagnes désertes, villes et villages en partie anéantis, Wissembourg réduite à cent quarante bourgeois, Schlestadt, de trois mille à deux cents, la misère accroupie, nue et affamée, sous l'aile de la mort, partout les traces de la lutte et de la destruction, voilà la scène de l'Alsace après ce coupable drame de trente ans.

Quoique le traité de Westphalie eût réglé avec assez de précision les matières litigieuses, l'exécution présenta encore, conséquence fatale de tous les traités de paix, plusieurs difficultés sérieuses.

L'Espagne poursuivit même la guerre contre la France et ne renonça à ses prétentions sur l'Alsace que par le traité des Pyrénées, en 1659.

Les troupes suédoises, elles aussi, peu satisfaites de leurs atrocités, dont le souvenir fera toujours frémir les enfants d'Alsace, s'arrêtèrent encore deux ans dans ce pays désolé, devenu le théâtre de toutes les horreurs d'une sauvagerie jusqu'alors inconnue dans l'histoire, pour attendre le payement de cinq millions de thalers (un thaler vaut trois francs soixante-quinze centimes) qu'on leur avait assignés pour les indemniser des frais de guerre. Le bonheur de revivre de la vie de leur mère-patrie pouvait seul faire supporter les sacrifices énormes imposés aux villes d'Alsace. Ces barbares avaient établi le centre de leurs forces à Benfeld, dont les fortifications furent rasées après leur départ, en 1650.

Après sa délivrance, l'Alsace se vit pendant quelque temps abandonnée à elle-même, témoin des troubles et des séditions qui, pendant la guerre de la Fronde, déchiraient si cruellement le cœur de la France. Ce triste spectacle rattacha plus étroitement son âme à celle de sa mère.

Cette élévation de sentiments n'a pas empêché ses nouveaux ravisseurs de lui contester son origine, qu'ils auraient bien voulu effacer pour légitimer leurs immorales prétentions.

Ami et défenseur du vrai, nous ne tairons pas la tentative des dix anciennes villes impériales faite auprès de la diète assemblée en 1665 à Ratisbonne, « pour secouer la domination française, » disent nos nouveaux frères selon la force. L'histoire a fait justice de ce mensonge. Il ne s'agissait que de la conservation des droits et des libertés arrachés aux landgraves et aux empereurs au prix des plus durs sacrifices. L'astucieux Mazarin, qui avait assemblé les députés de ces villes à Haguenau, n'avait pu comprendre que l'âme de l'Alsace, après une lutte de plus de huit siècles, fortifiée dans le creuset du malheur, avait horreur du servage et de l'absolutisme. Quoi qu'il en soit, cette province alors a donné au monde le plus sublime exemple de patriotique

dévouement, en sacrifiant sur l'autel de la patrie
ce qu'elle avait acheté avec le sang le plus pur de
ses enfants les plus chers et les plus vigoureux. Elle
a voulu faire connaître à la France, sa mère-patrie,
cette science du sacrifice, qu'elle s'applique aujour-
d'hui avec un héroïsme comparable seul à l'égoïsme
de ces soi-disant patriotes, qui augmenteraient avec
bonheur et sans scrupule la liste de nos provinces
otages, pourvu que le reste s'enveloppât dans les
plis d'un drapeau de leur choix, s'enfonçât dans la
fange d'une résignation de bas-empire pour ne pas
voir le maître, et renouvelât, mais surtout sans
secousse, cette bachique et sanglante cavalcade de
Caracalla à Attila.

Nous faisons appel au patriotisme du lecteur pour
lui dire quelques mots sur les changements intro-
duits en Alsace, les principales révolutions surve-
nues dans cette province, sa constitution, son
gouvernement et son état militaire pendant la
période allemande.

Vers l'an 888, Rodolphe, duc de Lorraine et
d'Helvétie, érige, entre le Jura, la Reuss et la
Savoie, le royaume de la Haute-Bourgogne (*Bur-
gundia Transjurana*), auquel il réunit le territoire
de Bâle et de plusieurs autres cités du Sundgau. Par
cet arrangement, l'Alsace perdit environ douze lieues
de France.

La limite septentrionale fut maintenue à la Lauter
jusqu'à la fin du treizième siècle, époque où elle

s'étendit jusqu'à la Queich et renferma Landau dans ses bornes, par où l'Alsace gagna un terrain de six milles carrés. Les frontières de l'est et de l'ouest n'éprouvèrent aucun changement.

Sous la domination des princes allemands, l'Alsace demeura dans un état de fièvre, et souvent des orages fondirent sur elle. Pendant ce temps, la France s'efforçait de rentrer en possession de cette province gauloise, victime d'un traité honteux.

Dans cet intervalle, qui se prolonge de 870 à 925, elle est d'abord administrée par des agents du fisc (*nuntii cameræ*). Les actes de violence atroce que deux d'entre eux, Berthold et Erchanger, commirent, forcèrent le roi Conrad à les faire citer devant l'assemblée des princes, qui se tenait en Souabe. Conrad mit à leur place Bourkard, le plus puissant seigneur de la Souabe, auquel il accorda la dignité de duc en 918, du consentement de la noblesse du pays, qui, comme nous l'avons vu, mourut à Naples dans la personne de Conradin.

Quelquefois, la Haute et la Basse-Alsace avait chacune son bailli particulier (*landvogt*), chargé de défendre les revenus et les droits du duc, des églises, des abbayes et des couvents. Au commencement, le duc conférait cette dignité à son gré et pour un temps illimité; mais, en 1413, l'empereur Sigismond la donna en gage au comte palatin, Louis le Barbu; ses descendants en jouirent jusqu'en 1558, époque où l'empereur Ferdinand la racheta. Elle fut cédée avec l'Alsace à la France en 1648.

Le pouvoir du roi était limité par la part que les grands prenaient à la législation ; ordinairement, il se faisait couronner empereur par le pape. Dans les premières années de cette période seulement, la couronne était héréditaire. Après l'extinction de la dynastie carlovingienne, en 911, elle était conférée par élection ; le peuple élisait, au commencement, l'empereur et votait par l'intermédiaire de ses chefs, qui s'arrogèrent bientôt le droit d'élection.

Les alarmes, les combats étaient à l'ordre du jour, et souvent l'évêque de Rome se voyait forcé d'arrêter par des anathèmes le glaive de ces princes, prêts à frapper.

Le système féodal dominait partout ; l'oppression et la rapine étaient poussées aux dernières limites. Pour vivre en repos, beaucoup de personnes transmettaient leurs biens à des seigneurs ecclésiastiques ou séculiers et les reprenaient comme fiefs (*feuda oblata*). Les francs-alleux disparurent ; il n'y eut que des ecclésiastiques, des nobles et des serfs. Cet outrage aux droits inviolables d'un peuple devait se traduire un jour par les horreurs de la plus effroyable vengeance.

Les services que les villes rendaient aux empereurs leur valurent toutes sortes de priviléges, ce qui engageait les riches et les pauvres à rechercher le droit si avantageux de citoyen d'une ville libre impériale. Une modique rétribution annuelle conférait ce droit. C'est ainsi que Strasbourg s'éleva bientôt à un rang très-distingué. Après quelques combats opiniâtres, cette ville s'affranchit de la domination du clergé et de la noblesse, et se préparait ainsi à devenir le berceau de l'immortelle *Marseillaise*. Strasbourg se trouvait, dans cette période, à la tête des villes impériales et jouissait de priviléges très-considérables.

Il n'existait pas de code universel. Les *Capitulaires* des rois francs étaient tombés dans l'oubli. La coutume formait la base du droit, jusqu'à ce que, dans la suite, le droit provincial de la Saxe et de la Souabe, et à la fin le droit romain, furent acceptés. Dans les villes, le magistrat gouvernait par des arrêtés et par des règlements ; la noblesse donnait des ordres dans les comtés et dans les seigneuries.

Le pouvoir judiciaire émanait du roi ; il le faisait exercer dans les provinces par des ducs et des comtes, assistés d'échevins.

Le duel décidait des différends entre les nobles.

Les malheureux habitants de la campagne, victimes de ces luttes continuelles, étaient qualifiés de *pauvres gens*. Ce terme, d'une insolence navrante, répondait bien à la plus déplorable des situations, faite à nos pères d'Alsace par ces bandits d'origine germanique qui, pendant cette malheureuse période, s'étaient abattus sur l'Alsace comme des vautours affamés sur un oiseau blessé.

Les évêques, soit par égoïsme, soit par faiblesse, n'ont pas toujours usé de la puissance de leur autorité pour combattre et arrêter le mal.

A cette époque, des guerres continuelles entretenaient l'esprit guerrier; les armées se composaient de différentes troupes armées par les ducs et les comtes.

Les chevaliers, ordre très-puissant, combattaient à cheval, armés d'une cuirasse et d'un casque de fer, d'une lance, d'une épée et d'un bouclier; leurs vassaux, armés d'un arc et d'une flèche, formaient la cavalerie légère.

Les bourgeois et les serfs combattaient à pied.

Ce ne fut que vers la fin du quinzième siècle, après l'invention de la poudre à canon, que furent établies les premières armées permanentes. La force du corps cédait au génie et à l'expérience. Alors plus d'un château s'effondrait, entraînant avec lui le masque des entreprises chevaleresques et les horribles vexations dont il était accompagné.

Avant la découverte de l'Amérique, on achetait toutes les denrées à très-bon compte, tant parce que la population du pays était beaucoup moins nombreuse que parce que l'or et l'argent étaient encore rares, ce qui donnait à la monnaie une plus grande valeur.

En 1268, le sac de froment coûtait, à Strasbourg, 2 schilings 6 pfennings (un schiling vaut vingt centimes; douze pfennings font un schiling).

En 1294, il se payait 14 schilings. Cette taxe élevée causa une émeute, parce que les boulangers avaient refusé de faire du pain.

En 1319, le sac de froment coûtait 18 pfennings.

En 1322, le millier de tuiles coûtait 10 schilings;

le millier de briques, 10 schilings; la centaine de fagots, 6 schilings. Un maître charpentier ou maçon recevait pour sa nourriture et son salaire 20 pfennings; pendant l'hiver, 16; le valet, 8.

En 1386, on payait 24 mesures de vin 1 florin; le pot de vin, 1 liard.

En 1414, lorsque l'empereur Sigismond visita Strasbourg, on paya par tête à la table impériale 6 pfennings, et à la table commune (démocratique) 4 pfennings.

En 1446, le froid détruisit toutes les vignes en Alsace; le pot de vin se paya 7 pfennings, et parce que les riches n'ouvrirent plus leurs caves, on commença à brasser de la bière. Le pot coûtait 2 à 3 pfennings. On compta bientôt quarante brasseurs à Strasbourg.

De 1478 à 1482, les prix furent excessifs : un sac de froment, 2 florins. Mais, en 1483, il y eut baisse; on paya alors le froment 5 schilings le sac, et la mesure de vin 15 pfennings.

Tant que la force prima le droit, les mœurs de la noblesse furent d'une grossièreté et d'une immoralité navrantes. L'esprit de chevalerie les adoucit bien un peu, mais il n'empêcha pas les grands excès d'ivrognerie, de passion sauvage et de haine implacable. Quoi!... des dénégations?... On défend ces repaires où la prostitution nageait dans le vin du paysan alsacien, où le fruit du pillage donnait lieu aux orgies dont il restait presque toujours une tache de sang!... Soit.

« Toute l'Allemagne est, pour ainsi dire, une grande troupe de brigands, et le plus sanguinaire et le plus rapace des nobles est le plus honoré... » C'est là ce que Campanus, légat du pape à Augsbourg, écrivit, en 1471, à un ami. Voilà ma réponse.

La rapine et la guerre exercées par ceux qui ne demeuraient pas à la cour désolèrent, pendant cette période, la Haute et la Basse-Alsace.

Les paysans vivaient dans de pauvres chaumières, se nourrissaient d'aliments grossiers et se gardaient bien d'améliorer leurs habitations, exposées toujours à tomber sous les ravages qui précédaient ou suivaient un seigneur menaçant ou fuyant.

A mesure que le commerce et l'industrie commencèrent à fleurir au treizième siècle, une certaine aisance se répandit dans la moyenne classe et on sentit le besoin d'une vie plus commode. Le luxe de la table et des vêtements commença à régner. Les habits étaient de laine ou de lin ; les étoffes de soie ne sont en usage que depuis la fin du seizième siècle.

Vers l'an 1452, les Strasbourgeois portaient des souliers à bec, des pantalons collants, de courts pourpoints, de petits manteaux, et des chapeaux ronds appelés *gugel hüte*. Les femmes portaient de longues robes, des voiles, des ceintures et des chaînes de métal. Les riches et les grands se paraient d'or et de perles. Le magistrat établit alors un règlement relatif aux vêtements et aux étoffes que chacun pouvait porter; on divisa, à cet effet, les bourgeois en six classes comme un troupeau.

Nos ancêtres étaient d'une humeur joviale; amis du plaisir et de la société, des festins, de la danse et du jeu, grands et généreux dans les circonstances difficiles, relevant l'hospitalité par la franchise et le charme de leur esprit, ils étaient prédestinés par ces contrastes à devenir, - sous l'influence d'une civilisation chrétienne, un peuple de dévouement, d'amour, de science et de liberté.

III

L'Alsace pendant la période française

La période française commence la paix de Munster et s'étend jusqu'au traité
de Versailles (1871). Elle se subdivise en trois époques : 1° de Louis XIV jusqu'à
la Révolution française (1648-1789) ; 2° de 1789 jusqu'en février 1871 ; 3° le
martyre, du 28 janvier 1871 au 1er juin 1872.

> *Occisi jugulum quisquis scrutaris, omice,*
> *Tu miserum necdum me satis esse putas ?*
> *Disere confussum : victori vulmus iniquo,*
> *Morte ferum impressit mortua sœpe manus.*
> SÉNEQUE.

> Toi dont le fer sanglant fouille encore ma blessure,
> Epargne un malheureux brisé par la douleur ;
> Souvent un bras glacé, que ranimait l'injure,
> Plongea la mort au sein d'un odieux vainqueur.

Mutilée, l'Alsace, ramenée comme un cadavre
dans la famille française, fut quelque temps à se
reconnaître et à reprendre haleine. Ce ne fut que
douze ans après, que Louis XIV, dont le despotisme
pesait lourdement sur cette enfant retrouvée, cau-
térisa ses blessures encore béantes par une exemp-

tion de toutes charges pendant six ans accordée aux étrangers qui viendraient s'établir en Alsace, par la concession des terres abandonnés par les anciens possesseurs, et par l'autorisation de prendre du bois de construction et de chauffage dans les forêts royales, qui ne pouvaient être que la Hardt dans la Haute-Alsace et le Forst dans la Basse. Cette intelligente déclaration royale est au-dessus de tout commentaire.

Relevée de ses ruines, l'Alsace jouit de quelque repos jusqu'en 1672.

Ah! nous le savons, ce beau pays, jaloux de sa liberté, de ses coutumes, tirées de sa vie propre, basées sur un droit primordial, a continué, sous l'empire du grand roi, la vie intime qu'il s'était faite sous la suzeraineté des seigneurs allemands, impuissants à le conserver. En faut-il conclure, avec ces soi-disant Alsaciens, qu'elle ait impatiemment subi la loi française? Descendez à jeter les regards sur ces prétendus historiens, voyez le révoltant de leur conduite à l'égard de nos ennemis, et jugez! Voilà ma réponse.

Peuple fier et haut la main entre les fiers, est-ce parce qu'il a su garder sa dignité alors que tous se ruaient dans une basse servitude, que vous prétendez vous en faire une arme contre sa foi de patriote?

Vous que le fanatisme religieux aveugle, vous déchirez l'histoire en l'honneur du pape allemand; vous saluez je ne sais quel astre terne à son couchant, que vous prenez pour un brillant aurore. Est-ce là ce que vous ont enseigné Luther et Mélanchton ?

Allez, cette France, que vous croyez morte, sur la foi d'un prince saxon, parjure comme ses pères à Leipsig, est plus vivace que jamais ! Le malheur lui donne ce qu'il vous enlève, la vie et le courage. Aux derniers coups de canon de Sedan, le prince -de Saxe, fils de roi et catholique, a pu dire : « Messieurs, voilà l'agonie de cette France si fière ! » O trois et quatre fois noble prince, vous eussiez pu ajouter : « Et de la Saxe, de ma patrie ! » Vous n'eussiez alors menti que de moitié.

L'ambition de Louis XIV souleva contre lui une partie de l'Europe. Toute l'Allemagne et l'Espagne s'allièrent à la Hollande pour arrêter l'extension de la France. La position de l'Alsace lui valut une nouvelle invasion de ces Impériaux, auteurs de tant de désastres. Voici le lion Turenne, terrible et menaçant. Les Impériaux s'arrêtent, mais prennent leurs quartiers d'hiver en Alsace. Turenne passe les Vosges au milieu de l'hiver, pénètre en Alsace par Thann et Belfort, se jette sur les quartiers des Impériaux et les écrase à Mulhouse, à Ensisheim, à Turckheim, en 1675 ; enfin, il allait en venir aux mains avec le célèbre général autrichien Monte-cuculli, qu'il avait, pendant quatre mois, tenu en respect sur le Rhin, lorsqu'il mourut, comme il avait vécu, en brave (27 juillet 1675).

Ce héros mort, Montecuculli poursuit les Français

en Alsace, assiége Haguenau et Saverne, admirables dans leur résistance. Qu'on est fort quand on espère ! Mais voici Condé, le grand Condé ! Haguenau et Saverne sont débloqués, et les ennemis, battus, traversent en désordre ce Rhin qu'ils avaient tant de fois franchi !

Alors les Français signèrent à Nimègue, qu'ils avaient prise en 1672, un traité avec la Hollande le 10 août 1678, un autre avec l'Espagne le 17 septembre, et un troisième avec l'Allemagne le 5 février, traités qui mirent fin à ces désastreuses luttes. L'Europe et la France voulaient désormais vivre en paix : pieuse illusion !

Louis XIV restitua Maëstricht aux Hollandais ; l'Espagne céda à la France la Franche-Comté, Bouchain, Condé, Valenciennes, Cambrai, Aire, Ypres, Saint-Omer, Warwick, Warneton, Bailleul, Poperingue, Cassel, Bavay, Charlemont, Maubeuge ; l'empereur échangea avec la France Fribourg contre Philipsbourg, concéda la Lorraine et laissa Louis XIV *tranquille possesseur de l'Alsace.*

Strasbourg, que Créqui, successeur de Condé, avait déjà puni de sa neutralité par la destruction du pont de Kehl, était encore en dehors de la famille française. Louis XIV, comprenant la nécessité de la possession de Strasbourg, résolut de s'en rendre maître. Ce fut le 30 septembre 1680 qu'une armée française s'approcha de cette ville, que la chambre de réunion, établie à Brisach, avait déclaré appartenir à la France ; Louvois somma la ville de se rendre. Magistrats et bourgeois y étaient tout disposés ; Strasbourg capitula.

Après un congrès qui dura du 9 mars au 20 septembre 1697, un traité fut signé à Ryswick, en Hollande, sous la médiation du roi de Suède, entre Louis XIV d'une part, les Provinces-Unies, l'Angleterre, l'Espagne et l'Empire de l'autre. Louis rendait à l'Espagne ce qu'il lui avait pris vers les Pyrénées, et en Flandre, Luxembourg, Mons, Ath, Courtrai, reconnaissait Guillaume III pour roi légitime d'Angleterre, au détriment de Jacques II, qu'il avait soutenu jusque-là, rendait à l'Empire Fribourg, Brisach, Philipsbourg, Kehl, et tous les pays que les chambres de réunion lui avaient adjugés, *moins Strasbourg* ; enfin, il restituait ses États au duc de Lorraine.

Pendant la succession d'Espagne, les Impériaux pénétrèrent de nouveau en Alsace, mais ils furent chassés par Villars. Ce fut alors qu'il fit tirer les lignes de Wissembourg, devenues célèbres dans les guerres de la première République française.

Une nouvelle tentative fut fait contre l'Alsace en 1709.

Pendant que le faible Louis XV, qu'on ne saurait assez plaindre, s'enivrait des voluptés d'un raffinement coupable versées à flots par quelque prostituée de haut étage, oubliant la vertu de saint Louis, peu soucieux de la corruption qui suintait de son triste harem doré et s'infiltrait goutte à goutte dans toutes les classes de la société, l'Alsace était

occupée, elle, à réparer les ravages de l'ambition
des uns et de la sauvagerie des autres. Elle se préparait en silence pour le grand jour où le cri de
liberté anéantit tous les priviléges et confondit sous
une même loi, en une même et vraie patrie, toutes
ces vieilles provinces, différentes de langues, de
coutumes et de mœurs, mais d'une âme française.

Frédéric II apparaît pendant le règne de ce roi
insouciant, égoïste, débauché et scandaleux, placé
à la tête d'un peuple qui ne demandait qu'à l'aimer
(il fut surnommé *le Bien-Aimé* après sa maladie de
1744), qui, du milieu de ses orgies, remettait au
malheureux et honnête Louis XVI le plus écrasant
héritage, revêtu d'un sceau portant ces mots :
Le déluge après nous! apposé par la plus mépri-
sable des femmes, souillée par un double adultère,
de la plus crapuleuse des courtisanes, qui coûta
quarante millions à la France.

Un pays démoralisé et ruiné au dedans, déconsi-
déré au dehors, théâtre des abus poussés jusqu'aux
dernières limites par l'égoïsme de la souveraineté,
voilà la France qu'était appelé à délivrer, à épurer, à
fortifier et à relever le plus doux, le plus honnête,
le plus bienveillant et le plus généreux des rois.
Mais, hélas! il arriva ce qui se présente fatalement
quand le thermomètre moral et intellectuel d'un
peuple ne monte pas, degré par degré, avec le thermomètre politique. L'égalité absolument nécessaire
de ces deux températures constitue l'équilibre des
esprits et des cœurs, l'union dans le travail, la fusion

morale des classes par la disparition de ces trois
horribles filles du césarisme païen, faim, nudité
et prostitution, la paix dans la rue et au dehors,
la richesse par les progrès de la science du pain,
la fécondité par la vertu, et surtout la réconciliation de l'unique, éternelle et immuable Église
de Jésus-Christ avec la Révolution.

Alors, plus de droite, plus de gauche ; les amis de
la moralité au foyer et au dehors, c'est-à-dire du
Christ, de la religion, ne feront plus qu'un avec les
amis de la liberté, de l'égalité des hommes devant
la loi. Toutes ces saintes choses, unies indissoluble-
ment aux yeux de Dieu, n'écœureront plus, dans le
monde, par le spectacle de la plus douloureuse et
de la plus dangereuse séparation.

Alors, révolution ne sera plus synonyme d'émeute,
de haine, de rage infernale, de massacre du prêtre
et de destruction de l'autel, de brisement des lois et
des constitutions, de pouvoir absolu d'un homme
ou d'une capitale sur tout un peuple, d'une assemblée sur la capitale ; on n'appellera plus révolution
ce stupide et satanique esprit qui, comme l'a dit
quelque part M. Guizot, détruit parmi nous, depuis
un siècle, toutes les plus belles espérances du genre
humain. Non, mille fois non. La sainte Église de
l'Homme-Dieu accepte la révolution ; elle seule a été
capable de la comprendre, et seule elle a les moyens
de l'accomplir. Et depuis que le Maître des hommes,
après avoir lavé les pieds de ses disciples, est mort
en jetant dans le monde ce cri sublime : « Pardon-

nez-leur, mon père, car ils ne savent pas ce qu'ils font ! » l'Église n'a cessé de prêcher la révolution républicaine, qu'elle résume par le gouvernement de la nation par la nation. Que nos démocrates d'aujourd'hui fassent le sacrifice de leur ambition à l'esprit d'humilité, d'apaisement et de dévouement de la sainte Église de Jésus-Christ, qui nous a appris à mourir pour la grande augmentation du nombre des âmes libres, des âmes justes, des cœurs religieux, des raisons consistantes et des volontés de fer dans et pour le bien et le devoir, et, loin de la mépriser, de la haïr, de la combattre sans pouvoir l'ébranler, ils accompliront par elle et avec elle la sainte révolution démocratique, pour la cause de laquelle elle a vu couler le sang de tant de martyrs ! Que nos socialistes improvisés, pauvres esprits incapables ou déçus, n'oublient pas que, il y a dix-huit siècles, le premier et le dernier des socialistes a tout dit et tout fait, en mettant la science de l'homme au-dessus de toutes les autres, en attaquant de la manière la plus simple et la plus élevée, la plus douce et la plus énergique, bref, d'une manière divine, le vol et l'homicide sous toutes ses formes, et qu'enfin il est mort sur la croix, en laissant aux hommes son code, qui se résume en ces mots : *Aimez-vous les uns les autres !*

Qu'ils sachent donc que l'Église accepte cette révolution sociale, qu'elle se croit chargée de l'accomplir, et qu'ils ne l'accompliront que par elle et avec elle !

Revenons à notre sujet.

Avec moins de génie militaire, le mystique Frédéric II avait toute la mauvaise foi d'Annibal, et la foi prussienne remplacera, dans la mémoire des siècles à venir, la foi punique.

De ce règne où le Machiavel prussien, secondé par les Bourbons de France, arrache la Silésie à l'Autriche, date l'ambition sans bornes des fils du Brandebourg. Non qu'auparavant ils fussent loyaux et désintéressés, loin de là ; mais en lui montrant, dans la trahison et le parjure, les éléments de sa force, l'aïeul de Guillaume en donnait conscience à son peuple.

Étonnons-nous que l'ancien aide de camp à la suite de Blücher ait appris sur les genoux du roi philosophe ces maximes qu'il pratique aujourd'hui avec une fidélité invariable, et ces pratiques qu'il craignait naguère de maximer et qu'il étale aujourd'hui effrontément aux yeux des peuples surpris, les uns de bonne foi, les autres feignant de l'être, mais dont tous auront à porter la peine de leur indifférence ou de leur complicité !

La reconnaissance, je le sais, est un trop lourd fardeau pour certains peuples comme pour certains individus. Une foule de gens feront cent bassesses pour obtenir un bienfait ; combien y en a-t-il qui, par quelque noble action, soldent le compte de la reconnaissance ?

Il est plus commode, en effet, d'oublier que c'est à cette France mutilée qu'on doit l'indépendance que d'avoir à s'en souvenir. D'ailleurs, l'ingratitude n'est-elle pas l'indépendance du cœur? O noble et lumineuse vérité ! qu'il est difficile de te trouver! qu'il est plus difficile encore de te rendre hommage !!!

Élevons nos cœurs au-dessus de ces tristes défaillances dont il serait injuste, après tout, de rendre responsable tout un peuple, alors que quelques classes seules sont coupables. Comme le poète : « *Paulà, majora canamus,* » parlons de choses plus élevées et reportons notre esprit vers ces chers souvenirs que nous avons paru oublier un instant.

Le moment est grave, l'heure est solennelle : immense météore, astre éblouissant de lumière, la révolution éclate au milieu des ténèbres, du droit seigneurial, du privilége, du despotisme enfin, comme une aurore géante au sein des glaciers de la Laponie ! Cette mer de lumière a envahi la France et embrasé du même coup le cœur de ces héros qui, seuls contre l'Europe, ont intimement soudé par leur sang toutes les provinces de la patrie !

Honneur à ces quatorze armées qui ont fécondé de leur sang généreux ces provinces qui viennent de nous être arrachées, qui en ont immortalisé le nom par un patriotique et saint martyr! Honneur à ces généraux qui savaient obéir et vivre comme ils savaient commander et mourir, en sacrifiant une ambition légitime et justifiée à leur ardent amour de la patrie ! Hoche et Marceau, jeunes et brillants soldats, votre nom, porté à travers les siècles, sera toujours pour tous le symbole de cet incorruptible courage, de cette abnégation qui vous ont conduits au triomphe !

Les combats, les victoires de ces armées, consolation de la France au milieu de ses déchirements intérieurs, de ces atrocités inutiles et impies, sont gravés dans toutes les mémoires. Le temps, qui laisse dans l'ombre de l'oubli les petits caractères, les choses mesquines, vivifie les grandes et burine en traits indélébiles les actes méritants au livre de l'histoire, qui en perpétue, à travers les âges, l'impérissable souvenir !

Et quels souvenirs que ceux de notre héroïque, de notre immortelle révolution dont l'Alsace et la Lorraine ont été le berceau ! Oui, elles lui ont souri à son aurore, alors que, poétique et radieuse, elle était encore vierge du sang de milliers de citoyens.

N'est-ce pas l'Alsace qui a enfanté la *Marseillaise*, notre hymne national, devant lequel pâlissent et disparaissent ces tristes odes, symboles du servage, faites à la louange des grands et des rois ?

N'est-ce pas la Lorraine qui, la première, a envoyé ses enfants à Valmy (1) et à Jemmapes ? Honneur au bataillon des Vosges, à celui de la Moselle et à tant d'autres ? La patrie était fière alors ; elle donnait à ses rues, à ses places, le nom de ces généreux dépar-

(1) Valmy, village du département de la Marne. Les généraux Dumouriez et Kellermann y remportèrent sur les Prussiens, le 20 septembre 1792, une mémorable victoire qui arrêta les progrès de l'invasion étrangère.

tements qui faisaient à la liberté le plus douloureux sacrifice ! Que. de pénibles efforts, mais que de triomphes ! Les Prussiens sont chassés de cette France jusqu'au cœur de laquelle leurs hordes avaient pénétré. Nos légions entrent, à leur tour, dans ce pays bassement courbé devant un roi toujours ivre de vin et de folies ; et lorsque, après avoir pénétré jusqu'au delà du Mein, elles sont ramenées en arrière par l'incapacité de quelques généraux, elle s'immortalisent encore dans les murs de Mayence !

Il y aurait trop à dire sur les batailles, sur les victoires dont l'Alsace et la Lorraine ont été le théâtre pendant cette brillante période qui a précédé le consulat et l'empire.

Bonaparte montait à grands pas les marches du trône où le laissait arriver un peuple écœuré par les orgies du Directoire et fatigué d'un pouvoir qui, sous le couvert de la liberté, cachait le plus effroyable despotisme.

C'est ainsi qu'il arrive qu'un peuple, qui s'est vu marchander longtemps quelques libertés indispensables à sa vie, brise à la fin sa chaîne, s'enivre de ce bien précieux jusqu'à la licence; puis, voyant qu'en changeant les hommes il n'a pu changer les choses, il ouvre son âme au dégoût, se met à la merci du plus audacieux des intrigants qui l'obsède, se roule dans la fange du despotisme et s'y berce avec une insouciance comparable seulement à l'énergie qu'il avait mise à en sortir.

Bonaparte, empereur, se joue des couronnes et des

princes comme un enfant d'un hochet : l'Europe est à
ses pieds. Si l'homme a commis ce crime, de ravir dix
années durant la liberté à tout un peuple, le général
a eu du moins la gloire de montrer à l'Europe ce
que peuvent les Français dans la main d'une intelligence. Conspuons le despote, mais reconnaissons-lui
comme Français la gloire d'avoir pulvérisé ces ennemis, aujourd'hui si insolents, et alors si bassement abjects, qu'ils ont été indignes de la clémence
du vainqueur.

D'Iéna à Sedan, le temps écoulé n'a été qu'un long
préparatif de la Prusse, dont 1815 n'avait pu assouvir
la rage. En 1859 déjà, au lendemain de Solferino, on
avait entrevu un instant la haine bachique de ces fils
des Teutons ; puis, comme une courtisane un moment
éveillée par l'instinct de sa conservation, mais res-
saisie ensuite avec plus de vigueur par les étreintes
de la volupté, la France était retombée dans des lan-
gueurs énervantes, se croyant sûre d'être prête au
premier appel. Mais, hélas ! Wissembourg et Wœrth
ont prouvé que la poitrine des braves ne suffit plus
pour vaincre.

Le Germain est arrivé, rampant dans l'ombre,
jusqu'à cette France, qu'il a saisie dans ses bras,
salie de ses baisers impurs, souillée, polluée de
ses attouchements hideux et repoussants, sans qu'elle
ait pu se défendre. Elle lui a porté, dans la nuit
qui l'environnait, des coups terribles, enfonçant
chaque fois sa dague dans le flanc du ravisseur ; puis
elle est tombée haletante, non vaincue, mais sur-

prise, et jurant, sur les cadavres de ses fils accourus à sa voix, de les *venger* ou de *mourir*.

Abandonnerions-nous cette mère en perdant notre courage ? L'histoire dira-t-elle un jour, en se voilant la face, que les Français ont montré cette lâcheté insigne de déposer, en vaincus éternels, leur force, leur énergie et leur dévouement sur les marches de l'autel ensanglanté de la patrie ? Non, non ! Périsse la France, périssent tous ses glorieux souvenirs, plutôt que de subir cette honte !

Certes, quelque soit son malheur, notre chère patrie a vu de plus mauvais jours. A une époque plus néfaste encore, la France avait vu ses belles et généreuses provinces de l'ouest au pouvoir de son ennemie d'alors, la puissante Angleterre. Épuisée par une lutte deux fois séculaire, elle n'a pas désespéré d'elle-même.

Les faibles et les lâches, d'une part, les traîtres et les ennemis, de l'autre, croyaient ne jamais revoir ses enfants se grouper autour de son glorieux drapeau. Ils se trompaient ! Un jour vint où les cœurs restés français virent leurs arrogants dominateurs abandonner honteusement les rives de France où ils avaient compté régner toujours !

Ce passé, à la fois si concluant et si consolant, ne nous permét-il donc pas de conserver au fond de l'âme une immortelle espérance ? N'est-il pas pour nos frères de l'exil le présage, le garant d'un semblable avenir ?

Ces pages de l'histoire en font foi : l'œuvre des

brigands couronnés est toujours éphémère, et Dieu, à la fois passé et avenir, ne consacrera pas le triomphe du fer et du pétrole sur les droits de l'âme les plus justes et les plus sacrés. La puissance du mal est passagère ; les œuvres du bien sont seules grandes et durables, parce qu'elles ont le sceau de Dieu.

Cette pensée nourrit le cœur de nos frères d'exil.

Incapables de l'avoir ou seulement de la comprendre, nos ennemis l'accueillent avec l'insolence d'un rire moqueur. Au lendemain de la chute de l'héroïque capitale de l'Alsace, sur les ruines fumantes de ses monuments, l'homme qui ne saurait avoir de qualificatif dans aucune langue humaine disait aux survivants, agenouillés et pleurant leurs morts, que « leur noble cité allait être, pour toujours, réunie à la grande patrie allemande. »

Leurs journaux officieux — ils n'en tolèrent pas d'autres — exécutent depuis plus d'un an, sur ce thème, toutes les variations imaginables. « Oui, répètent ces virtuoses dans leurs feuilles, dont ils ont rendu l'abonnement *obligatoire*, ces Alsaciens et ces Lorrains seront pour nous des frères; ils ont été momentanément éloignés de nous, ils nous sont devenus peut-être étrangers, mais nous regagnerons leur affection par nos bienfaits. A Dieu ne plaise que l'Alsace soit pour l'Allemagne une nouvelle Vénétie, une autre Pologne ! » Puis les détails de ce bonheur nous sont offferts par la bouche de M. de Bismark parlant au Reischtag : « L'Alsace, dit ce grand prince, jouira d'une autonomie large et féconde, telle qu'elle ne l'a jamais connue. Une administration douce et paternelle lui fera promptement aimer cette vieille patrie allemande qui s'impose à son affection. » Ces mémorables paroles, commentées, expliquées, paraphrasées sur tous les tons, n'ont pas cessé un instant de remplir leurs journaux, enguirlandés de louanges sur la bonté du chancelier de l'empire, versant ses pleurs, d'une humanité prussienne, sur les désastres dont les Français seuls étaient cause par leur obstination à défendre la cité capitale.

Au paysan on promettait la diminution de ses impôts ; au vigneron, un marché plus favorable au placement de ses vins ; à l'industrie, la suppression de la concurrence ou l'assurance de son essor. Les masses, concluait-on, finiront toujours par ranger leurs sentiments du côté de leurs intérêts. Conclusion prussienne.

Cet espoir ne montre-t-il pas l'esprit prussien dans toute la profondeur de son effroyable corruption ? Cet esprit d'intérêt qui les pousse à s'expatrier sans retour leur faisait croire à une dépravation illusoire. Notre âme, ils comptaient la mettre à leurs pieds. Bien peu se laissaient tomber dans cette grossière fourberie. Et, cependant, ce langage, tenu avec une infernale ténacité, recevait du moment, habilement choisi, une ombre de sanction ! Indépendamment du mérite attaché à la nouveauté, leur mauvaise foi n'avait pas encore trahi le spécieux de leurs fallacieuses promesses ; et, dans ce moment,

la France donnait le spectacle d'un peuple sombrant
de toutes parts et s'abîmant sans retour dans les
atrocités d'une lutte sociale. La capitale paraissait
engloutie sous une mer de feu et de mitraille. Ivre
de sang, la rage s'attaquait aux beaux édifices,
chefs-d'œuvre de longs siècles. L'éloignement aug-
mentait l'horreur de cette scène. L'exagération soigneusement entretenue par nos geôliers allemands
avait resserré tous les cœurs ; ces crimes de feu et de
sang n'étaient pas de nature à faire regretter cette
France pourtant tant aimée. En apparence, à l'abri de
ces maux, jouissant dans leur nouvelle situation d'un
vernis de prospérité, les enfants d'Alsace sentaient
leur âme non moins accessible au désespoir et se
consolaient non moins difficilement de leur séparation d'une patrie vouée, par l'égoïsme autoritaire du
trône ou de la rue, à un aveuglement éternel qui
devait fatalement la rendre insensible aux plus
poignantes, aux plus cruelles leçons.

Et encore, même dans ce cas, une conversion
sincère, un abandon de cœur à l'Allemagne, étaient
radicalement impossibles. La nécessité, l'intérêt de
quelques-uns, le calcul de quelques autres, la raison,
enfin, auraient peut-être fait que nous ne l'eussions
pas mortellement haïe..... Nous ne l'eussions jamais
aiméel... Mais quelle base fragile, quelle situation
précaire et misérable que cette nécessité d'un
appel aux appétits vulgaires et changeants de
l'intérêt !

Chaque jour, chaque heure apporte avec soi une

nouvelle inspiration et une nouvelle leçon. Les sentiments élevés, un instant écartés par l'égoisme, renaissent plus vivaces et s'affirment avec une force nouvelle. Contre un patriotisme aussi éprouvé, tous les calculs, tous les efforts impies viennent se briser sans retour.

L'Alsace n'eût pu s'empêcher de profiter de ce bon vouloir s'il y en eût eu, mais elle l'aurait fait à contre-cœur, et, partant, sans avoir aucune reconnaissance pour la source d'où il eût coulé. Il eût été fatalement entaché d'un vice originel que rien n'eût détruit; il eût eu aux flancs je ne sais quels lambeaux de la tunique du centaure qui en eût consumé tout le prix.

Heureusement, ces illusions, possibles il y a quelques mois, ne sont plus même à l'état de fantômes aux yeux des plus crédules. Ce bien-être, ce calme, cette liberté, cette paix intérieure si instamment et si souvent promise, n'étaient, nous nous en doutions, qu'un leurre ridicule. Ces motifs pour le patriotisme alsacien de ne pas être sans crainte au sujet de la vitalité du sentiment français en Alsace n'existent plus, ou, mieux, ont fait place à la certitude du contraire.

Fils de France, si nous pouvions redouter un moment que l'habileté perfide de nos maîtres s'efforçât d'endormir le sentiment patriotique par les solutions hypocrites de leurs équations de bienveillance, rassurez-vous, amis, ils ont réussi à nous détromper! De toutes leurs promesses, nos maîtres n'ont tenu que celles qui contenaient une menace. Ils nous ont traités en peuple conquis.

Les impôts? ils les ont augmentés, et, cependant, ils se sont emparés de l'Alsace libre de toute dette... Qu'ils soient bénis!

L'industrie voit avec terreur s'approcher le moment où le marché français lui sera fermé... Qu'ils soient bénis!

L'agriculture subit de lourdes charges et se ressent encore du mal que lui ont fait les réquisitions de l'hiver... Qu'ils soient bénis!

La bourgeoisie de nos villes, écrasée par les logements militaires pendant que les casernes demeurent vides, supporte, l'espérance à l'âme, des charges humiliantes et ruineuses pour le cœur et la bourse... Qu'ils soient bénis!

Et ce pauvre Strasbourg lui-même, à moitié incendié, n'a point échappé à cette cruelle et dispendieuse corvée... Qu'ils soient bénis!

La bureaucratie française, nous nous en plaignions..... nous voilà administrés par une légion d'espions silésiens et poméraniens, dont l'arrogance dépasse tout ce que nous redoutions. Jadis l'Alsace était administrée par deux préfets et cinq sous-préfets.... aujourd'hui nous avons un gouverneur, deux préfets et une douzaine de sous-préfets, avec un personnel en proportion. Toutes les autres administrations sont peuplées dans la même proportion. Qu'ils soient bénis! Oui, qu'ils soient bénis! qu'ils soient bénis! qu'ils.... qu'ils.... qu'ils soient.... maudits !!!

Et les libertés promises et octroyées ? Elles se résument en une insulte faite à tous ces sentiments qui, depuis de longues années, ont signalé à l'Europe et au monde l'Alsace comme une province éclairée et libérale. L'autonomie provinciale et la liberté communale se résument dans l'arbitraire le plus brutal. Un abonnement forcé à deux de leurs nombreux journaux officiels et officieux est imposé par nos maîtres à toutes les communes. Vainement a-t-on essayé, à Strasbourg, à Colmar et à Mulhouse, de créer des journaux alsaciens : seuls nos nouveaux frères veulent avoir la parole, et ils en usent, hélas ! pour fouiller dans nos âmes et essayer d'avilir ce que leur indignation ne peut étrangler, l'âme de notre âme, notre patriotisme, qui brave leurs canons. C'est ainsi qu'ils entendent la liberté de la presse !

La commune se voit brutalement refuser le droit sacré et inviolable de donner à ses enfants les maîtres de son choix. Les personnes les plus honorables sont emprisonnées pour n'avoir pas pu et voulu bâillonner leur cœur de Français. Le préfet de Strasbourg envoie aux curés des circulaires comminatoires, parce qu'ils ont la courageuse audace d'exprimer leur antipathie pour le nouvel état de choses, et de faire en chaire des allusions favorables à la France ; et on ne manque pas de les avertir que s'ils ne deviennent plus sages. ils seront l'objet de mesures energiques. Le secret des lettres est ouvertement violé. Celles qui nous arrivent de France ne sont distribuées qu'après avoir séjourné presque toute une journée dans leurs bureaux. Mais pourquoi rappeler cette série de mesures vexatoires quand nous avons à déplorer une inquisition dont le cynisme doit nous faire entrevoir l'avenir qu'ils nous ménagent, ces frères nouveaux? Oui, ils ont tout dit quand ils ont averti le public qu'il ait à fermer ses lettres moins soigneusement. Voilà les bienfaits dont ils s'efforcent de combler l'Alsace; voilà les libertés qu'ils lui accordent. Nous n'en finirions pas si nous voulions en énumérer toute la liste. Et, comme si tout cela n'était qu'un témoignage de leur bienveillance, leurs journaux, dans un cynique langage, ont averti que le temps de l'indulgence et de la clémence était passé. Plus de ménagements! Hélas! si jusqu'à présent nous n'avons connu que leur bonté, qu'avons-nous donc à attendre et à craindre de leur sévérité?

Rassurez-vous, fils de France, notre patriotisme ne saurait mourir. La conviction peut fléchir, mais elle ne rompt jamais. Néron croyait avoir écrasé cette divine et grande chose, la foi, en baignant sa rage dans le sang des chrétiens. M. le prince de Bismark oublierait-il qu'après avoir fait étrangler le dernier des Alsaciens, éventrer le dernier des Français, il n'aurait encore rien tué de ce qui constitue le génie, l'âme immortelle de la France.

Les Alsaciens supportent cette tyrannie avec une

résignation comparable à leur patriotisme seul. Ils la supportent avec calme, pour ne pas dire avec joie. Avec joie? Oui, avec cette joie intime qui tient du délire et de la rage; ils la supportent enfin, parce qu'elle a pour effet de rendre de plus en plus odieux leurs nouveaux frères selon la force et d'envenimer leur haine, en voyant leurs maîtres s'enfoncer dans la voie d'où l'on ne revient que couvert d'exécration et de haine, en voyant arriver aux emplois les gens les plus tarés et les plus déconsidérés de l'Allemagne, des percepteurs qui ont mis autant de zèle à emporter la caisse que de brutalité à faire rentrer les impôts (1). Il serait trop long et trop pénible de rappeler toutes les vexations de ces tyrans. Nous avons eu la douleur d'assister, dans un village du Haut-Rhin, à une scène qui prouve jusqu'où nos nouveaux frères poussent leur prétendue bienveillance.

Le percepteur du village de Sierentz fit publier, peu de temps après son entrée en fonctions, que toutes les familles qui, dans un délai de trois jours, n'auraient pas payé leurs impôts, échus encore au bénéfice de la France, seraient gratifiées d'un nombre de soldats proportionné à l'importance de la somme, et qu'ils auraient l'honneur forcé de loger et de nourrir ces hôtes. Nous regrettons de dire les conséquences de cette mansuétude et de cette fraternelle bienveillance de nos maîtres.

____

(1) Plusieurs percepteurs, d'origine prussienne, ont déjà disparu, mais ils ont eu soin d'emporter la caisse.

Mais, hélas ! il en est de certaines impressions comme de certaines blessures, elles ne s'effacent que dans le tombeau.

Pauvres gens ruinés par ces longs mois de terreur et d'espérance, vous avez payé votre patriotisme en nourrissant à votre table ces frères nouveaux qui ont pendu vos fils, ces intrépides et malheureux francs-tireurs, sans doute pour donner une preuve nouvelle de cette haute civilisation et de ce sentiment d'humanité tant vantés !

Devant toutes ces persécutions, l'âme de l'Alsace se gonfle de haine et de douleur et se console dans son délaissement et dans son martyre, parce qu'elle peut haïr davantage.

Et qui donc, en Alsace, aimerait l'Allemagne ? Ce vieillard au bord du tombeau, dont la voix n'est plus qu'un souffle et le corps une ombre, mais qui a pu pousser encore un cri, le dernier, agiter encore une fois son corps pour protester contre cette iniquité, et se proclamer Français ? Ces hommes qui, la dernière fois qu'il leur fut permis d'envoyer des députés à une assemblée française, ne donnèrent leurs voix qu'aux plus dévoués et aux plus ardents patriotes ; qui, aux élections municipales décrétées par les Prussiens, protestèrent par leur abstention, au risque même de voir leurs intérêts municipaux usurpés par des commissions allemandes ? Ces jeunes gens qui, naguère, à travers tous les périls, franchirent par milliers les lignes prussiennes pour aller, à travers cette héroïque et généreuse Helvétie, rejoindre l'armée de France, à Villefranche ? Ces pauvres adolescents, qui songent, dès aujourd'hui, aux moyens possibles de se soustraire à cette obligation atrocement cruelle de se coiffer du casque prussien et de saluer Sa Majesté Guillaume? Ces enfants, enfin, qui n'entendent partout que des paroles de haine contre la Prusse, qui continuent, malgré la défense officielle, à parler le français, et qui bégayent de leur mieux la *Marseillaise* et le *Chœur des Girondins ?*

Qu'ils en prennent donc leur parti, nos maîtres d'aujourd'hui ! Ils n'auront point les sympathies de cette génération à laquelle ils s'imposent, ni de celle qui va grandir sous leurs yeux, mais dans la haine de leur nom. Ils auront beau nous vanter leurs soi-disant bienfaits, nous rappeler sans cesse les torts réels ou imaginaires que la France pouvait avoir à notre égard, nous imposer leurs gazettes vénales, défendre à nos enfants d'apprendre la langue de la France, tout cela sera en vain ; ils ne parviendront pas à écraser ce qui leur échappera toujours, ce qui défiera tous leurs arsenaux et leurs engins de destruction, ce qui seul est fort, grand, sacré et immortel comme notre âme, notre patriotisme !

« Soit, nous disent-ils, nous n'aurons de longtemps vos sympathies, nous sommes assez forts pour vous garder malgré vous. » Napoléon Ier, lui aussi, croyait avoir frappé au cœur des peuples que son génie avait jetés à ses pieds ; mais il avoua, sur le déclin de sa vie, que chez les peuples il y a quelque chose de plus fort que les baïonnettes : les idées. Et ils ajoutent :

« D'ici longtemps, la France sera impuissante ; elle a trop à faire pour guérir les blessures que nous lui avons faites ; notre épée a pénétré trop avant. Il vous aura bientôt oublié, ce peuple, pour lequel vous n'étiez que des têtes carrées, qui, hier, riait à vos dépens et vous oublie aujourd'hui dans la légèreté de son esprit et de son cœur.

» La France est d'humeur bien volage et bien inconstante. Elle se souciera peu de s'exposer aux horreurs d'une guerre nouvelle. Elle a été brisée par ce peuple géant pour lequel elle n'avait que du mépris et dont l'Europe, effrayée, a mesuré la force. O chimère des chimères ! que votre espoir d'être jamais revendiqué par la France est insensé ! Mais encore voulût-elle donner au monde une dernière preuve de folie et s'attaquer encore une fois, dans son délire, à la puissance allemande, comment songer seulement à nous ébranler, nous ne disons pas à nous abattre, mais à nous affaiblir, pour arracher deux provinces que nous avons trop chèrement conquises pour les abandonner jamais ? Depuis Frédéric le Grand, il n'y eut de puissance plus formidable que celle du nouvel empire d'Allemagne. Abstraction faite de la supériorité incontestable de notre armée et de ses chefs, de toute notre organisation militaire, n'oubliez pas que le drapeau de la Confédération du Nord flotte sur les murs de Metz, qui, à elle seule, peut arrêter toute une armée française. Nous avons

les Vosges dont nous saurons tirer un meilleur parti
que n'a su le faire l'ineptie française, la plaine d'Alsace que vous allez voir transformer en un immense
camp retranché; la ligne du Rhin tout entière est
en notre pouvoir, plus formidable et mieux gardée
que jamais. Enfin, derrière toutes les forteresses se
dresse toujours la triple ligne de nos anciennes dé-
fenses avec les défilés et les gorges de nos montagnes, et, derrière tous ces remparts, un peuple en
armes que la France a appris à connaître et à
craindre. A travers ces obstacles de fer, de terre et
de pierre, derrière lequel se dresse la poitrine immense d'un peuple colosse, les armées de France,
quels que soient leur force et leur vigoureux élan,
pourront-elles jamais pénétrer au cœur de l'Allemagne et mener à meilleur terme leur voyage à
Berlin? Une complication européenne? N'y comptez
pas, nous sommes et resterons très-prudents, et
jamais nous ne nous mêlerons de quelque affaire qui
pourrait soulever une coalition contre nous. Nos
hommes d'État ont l'habitude de ne s'exposer qu'à
bon escient. La certitude mathématique de la victoire seule peut nous engager à faire la guerre. Jusqu'à ce que nous ayons assimilé nos nouvelles
conquêtes, nous ne provoquerons personne. Depuis
1815, nous nous préparions à la réorganisation de
notre pays; aujourd'hui que nos armées occupent
la plaine d'Alsace, que le drapeau de la Confédération flotte sur Metz et sur Strasbourg, nous com-
prenons que notre puissance est dans la paix avec

tout le monde. La résignation que vous impose notre force, vous n'avez qu'à l'accepter ou à mourir. »

Tel est le langage qu'ils nous tiennent, nos maîtres : écho de la violence et de la force brutale ! La puissance de leur sabre, certes, elle est grande ; les gémissements de l'âme de cette population sacrifiée en attestent l'autorité sauvage. Mais la force morale du droit et de la justice, violée, outragée, bafouée aujourd'hui, se redressera demain, terrible, devant la puissance du canon. L'histoire a vérifié cette loi. Elle brise tôt ou tard l'épée des conquérants, mais l'âme meurtrie d'un peuple survit à leurs sanglantes hécatombes. Elle est parfois bien éphémère, l'œuvre du soldat, et les fruits de la victoire sur le champ de carnage ne sont d'ordinaire ni féconds ni durables. La justice, outragée, crie toujours vengeance, et son orgueilleux oppresseur trouve parfois la ruine au moment où il s'y attend le moins. A Rome, il n'y avait qu'un pas du Capitole à la Roche Tarpéienne, et le char du vainqueur était suivi d'un esclave pour rappeler au conquérant les infidélités de la victoire et de la fortune. De nos jours même, les vainqueurs d'aujourd'hui ne sont-ils pas les vaincus de demain ? Les peuples ne sont pas régis uniquement par les lois fatales de la nature aveugle et matérielle. Le monde moral obéit aux lois de l'inexorable justice, et l'histoire tout entière nous fournit sans cesse la preuve vivante que la force brutale ne saurait rien fonder de durable. Tôt ou tard elle voit s'écrouler l'échafaudage de ses sanglantes brutalités.

Dieu se mêle parfois, lui aussi encore, des affaires de ce monde ; de là ces aveuglements soudains et inexplicables qui précipitent parfois les peuples comme les rois du sommet de la gloire dans un abîme de désordres. *Quos perdere vult dementat !* Une loi mystérieuse, mais fatale, s'acharne contre ceux qui ont méconnu le droit et la justice. En vain se fient-ils à leur puissance. Leur bras, parfois, se sent paralysé par une force inconnue, mais qui sait déjouer toujours les calculs de la puissance et de la sagesse humaine.

Bonaparte avait enchaîné presque toute l'Allemagne à sa fortune ; ses préfets commandaient en maîtres depuis Rome jusqu'à Hambourg ; sa puissance semblait formidable. Le 2 décembre 1805, l'histoire enregistra cette journée atroce de sang et de génie où Napoléon battit l'armée austro-russe, commandée par ses souverains eux-mêmes, François II et Alexandre Ier ; l'aigle d'Austerlitz s'était élevé si haut, si haut, que la France elle-même en tremblait. Et, le 18 juillet 1815, l'histoire enregistra cet autre fait navrant : Waterloo ! Waterloo, mélange de force, de fatalité et de sublime désespoir ! Waterloo, leçon ! Waterloo, dernier acte d'un sanglant drame de gloire et de génie dans lequel le traité de Vienne suit de trop près le traité de Presbourg pour n'être pas une preuve irréfutable de la fragilité des États dont l'épée du vainqueur a tracé les limites ! Le héros d'Austerlitz l'avait dit lui-même, ce ne sont ni les soldats ni les baïonnettes qui gouvernent les peuples, mais les idées. Il avait compris la puissance d'une idée devenue l'âme de tout un peuple en voyant se lever devant lui toute l'Allemagne, poussée par le sentiment de son indépendance et de sa liberté. L'empire d'Allemagne trouvera dans sa propre histoire la condamnation de sa conduite à l'égard d'un peuple surpris, traqué, abattu, mais non vaincu. Un peuple tombé dans son sang en défendant son territoire n'est pas un peuple vaincu ; un peuple surexcité par la continuité d'une provocation morale et abattu dans la lutte n'est pas un peuple vaincu ; un peuple malheureux dans la défense de ses intérêts les plus chers et les plus sacrés n'est pas un peuple vaincu ; un peuple insouciant et généreux, surpris comme un jeune homme, dans la nuit, au milieu d'une fête, saisi d'une main lâche et frappé au dos, n'est pas un peuple vaincu; mais il est vaincu, vaincu pour toujours, le peuple qui, tombé dans la défense de son honneur, de ses droits et de sa liberté, cesse de gémir, de protester, et jette son âme aux pieds du vainqueur. Elle éprouvera à son tour, cette Allemagne abandonnée à l'ivresse du triomphe, ce que peut une nation tout entière, animée de la pensée et du désir de la vengeance.

Il est vrai que nos maîtres d'aujourd'hui nous proclament tous les jours la décadence de la mère-patrie. Il est terminé, répètent-ils sur tous les tons, le rôle de cette France tombée au ban des nations; et c'est avec un sentiment de sauvage et orgueilleuse satisfaction qu'ils étalent devant nos yeux un tableau navrant de toutes les blessures politiques et sociales de cette France meurtrie. Ils nous la montrent livrée à la merci des partis politiques dont aucun ne peut rallier la majorité du pays ; rongée par la lutte des ambitions rivales ; minée par l'infatigable et audacieux travail de la révolution sociale ; continuant à se nourrir éternellement des mêmes illusions, dans l'ignorance ; incapable de s'élever au-dessus du niveau du plaisir, d'arrêter les ravages occasionnés sur le terrain de la moralité publique par la corruption de l'esprit et du cœur des classes élevées ; trop énervée pour oser tenter quelque grande chose ; trop envahie par l'égoïsme des jouissances pour faire encore quelque sacrifice sur l'autel de la patrie ; trop préoccupée des intérêts matériels pour s'élever à des pensées plus hautes et plus généreuses ; ne produisant plus de caractères commandant le respect et d'hommes s'élevant au-dessus du niveau de la vulgarité ; indigne de liberté et incapable d'ordre ; condamnée sans retour à osciller entre le despotisme des ambitieux et la hideuse anarchie de la Commune.

« Voyez-la, nous disent-ils, cette France que vous vous obstinez à ne point oublier : en quoi a-t-elle su profiter de la terrible leçon que nous lui avons infligée? Ses hommes politiques sont toujours animés des mêmes fureurs et n'ont pas encore appris à mettre la patrie au-dessus des mesquins intérêts de leur parti. Ceux qui devraient être les hommes d'ordre sont toujours divisés en face du radicalisme révolutionnaire ; pour les Français il y a encore des factions, il n'y a plus de patrie. Ont-ils songé un seul instant à modifier leur genre de vie? En quoi l'aspect de leurs villes a-t-il changé? Toujours même énervement au théâtre et dans la littérature ; même frivolité dans la presse ; même vie facile et inactive dans l'armée ; même ignorance partout, et partout aussi la même présomption. Croire à la possibilité d'un remède est une folie. Les rares esprits qui n'ignorent pas les ravages de ce cancer restent sans confiance et sans espérance au spectacle de cette nation sans principes, sans mœurs, sans vigueur, sans connaissance, sans dévouement, sans but et sans idéal ; ne sachant ni ce qu'elle veut, ni où elle va ; se jetant, affolée et éperdue, d'un extrême dans l'autre. Espérer une régénération est une preuve de folie ou d'abaissement extrême, et, sans régénération, toute espérance des Alsaciens est vaine. La résignation, les événements vous l'imposent avec une autorité de fer. »

Tel est l'invariable refrain dont nos maîtres relèvent toujours ces funèbres strophes de leur chant de triomphe.

La résignation, mais c'est l'abdication de tous les droits les plus intimes de notre âme. C'est l'acceptation tacite et lâche d'une situation condamnée par toutes les aspirations de notre être : c'est le suicide de notre cœur. Jamais, Allemands, jamais la résignation ne forcera la porte de notre âme. Si, pendant de longues années encore, nous devons servir de victimes au sacrifice imposé à la France, nous rajeunirons dans le malheur et les larmes de l'exil nous rempliront tous de haine et d'amertume ; et le jour où Dieu, qui ne saurait tolérer longtemps la rupture de l'équilibre moral, jettera une épée dans l'un des plateaux de la balance du droit et de la justice, ce jour-là, fils de France, vous nous retrouverez, le cœur gonflé de haine et de douleur, mais vierges de résignation !

Nous ne dirons que peu de mots de la législation, de l'administration, de la justice, de l'état militaire, des finances, de la religion, de l'agriculture, de l'industrie, du commerce, des beaux-arts et des sciences en Alsace pendant cette période.

Les droits des Alsaciens étaient déterminés, soit par des édits, déclarations, lettres patentes et ordonnances du roi, soit par les arrêts du conseil d'État et ceux du conseil souverain d'Alsace, soit par les règlements municipaux et les coutumes des anciennes villes impériales, en tant que les dispositions énoncées du gouvernement n'y étaient pas contraires.

Pour garantir l'Alsace contre les ennemis extérieurs et intérieurs, le roi fit non-seulement réparer, agrandir et renforcer toutes les anciennes forteresses, mais il en fit aussi bâtir quelques nouvelles, telles que Huningue, démantelée par les Autrichiens en 1815, Neuf-Brisach, la citadelle de Strasbourg, détruite par le général de Werder, et le fort Louis ;

dans les intervalles, il fit élever des redoutes de distance en distance. En peu de temps, toutes ces places fortes furent pourvues de casernes, magasins, munitions et hôpitaux, ainsi que de garnisons nombreuses. Il avait compris que l'Alsace est le plus sûr rempart de la France. Le total des soldats composant la garnison de ces différentes places fortes s'élevait alors ordinairement à vingt-quatre mille hommes, parmi lesquels on comptait deux mille quatre cents de cavalerie; les canons français étaient au moins égaux, sinon supérieurs, aux canons des Allemands, dont l'invasion était rendue extrêmement difficile.

Les impôts payés par les Alsaciens aux monarques absolus de la France étaient de deux espèces : les uns entraient dans le fisc des différents seigneurs et contribuaient à préparer l'explosion fatale de l'orage de 93; les autres étaient levés directement par le roi. Les premiers, de différentes natures, portaient des noms différents : dîmes, corvées, frais de justice, octroi (*ohmgeld*), droit de décès, etc. Les autres consistaient d'abord en une simple subvention en argent de 99,000 livres; mais les guerres longues et dispendieuses de Louis XIV le contraignirent à lever des impôts extraordinaires.

Ces impôts, malgré leur modicité apparente, étaient très-accablants, car le pays se trouvait épuisé par les désastres de la guerre de trente ans.

Suivant le calcul de l'intendant La Grange, l'Alsace, y compris les possessions d'outre-Rhin, comptait, en 1697, 257,003 habitants. La population avait diminué de cinquante pour cent. L'argent était devenu très-rare, et les vivres avaient renchéri dans des proportions effrayantes. L'intendant lui-même avait jugé nécessaire d'envoyer au roi un mémoire détaillé sur la navrante situation de l'Alsace.

Avec le temps, les impositions furent augmentées et multipliées; de sorte qu'il n'y eut que l'infatigable activité gauloise, la tempérance et l'économie des habitants qui leur donnèrent les moyens d'y pourvoir.

En 1763, elles se montèrent à 3,899,540 livres, et, en 1789, à près de 9 millions; aujourd'hui, elles sont plus que doublées.

Séparée, depuis 870, de l'ancienne monarchie des Francs, l'Alsace marqua son entrée dans la famille française par cette élévation de sentiments, cet amour de la patrie et de la liberté, seuls et véritables éléments de force et de prospérité d'un peuple, qui font aujourd'hui sa gloire et sa douleur. La loyauté et la constance ont toujours animé l'âme de l'Alsace, et si cette province a montré cet ardent amour des libertés que les traités de paix lui avaient garanties, on ne saurait lui en faire un reproche; seules, les âmes basses et avilies par l'oppression et la débauche rampent devant un maître et supportent sans réplique l'injustice et l'oppression. L'usage de la langue allemande, conséquence fatale d'un si long exil, ne fut pas combattu. C'est sans doute pour nous payer de retour que le préfet du Haut-Rhin défendit dernièrement à des dames de Mulhouse, animées d'un généreux patriotisme, d'enseigner le français à des enfants pauvres.

L'arrêt du conseil d'État, du 30 janvier 1685, portant que les jugements et actes publics seraient rédigés en langue française, ne reçut qu'une exécution progressive, en rapport avec la volonté et l'instruction de la population.

Jusqu'au temps de la Révolution, le genre de vie de nos ancêtres était d'une simplicité extrême, que nous aimons à constater dans les meubles, les voitures et les vêtements de cette époque. Pour nos pères, un chemin seul pouvait conduire à l'aisance : le travail. Deux vertus solidaires, la chasteté et l'économie, sœurs inséparables, étaient la gloire et la puissance de la vie privée et publique de nos aïeux. L'aisance était très-commune, et la pauvreté, extrêmement rare. Une jeune fille honnête et ménagère trouvait facilement un époux; l'immorale balance de la dot ne condamnait encore personne à cet exécrable exil de l'âme : le célibat. On se contentait de peu; le fruit du travail suffisait à faire face aux dépenses. La bourgeoisie ne connaissait pas ces plaisirs dispendieux qui vident les bourses et les âmes; la vie pourtant ne manquait point de charme et d'agrément.

La noblesse, d'origine germanique, assez nombreuse en Alsace, où l'avait attirée la fertilité du sol et les plaisirs de la chasse, très-avide de jouissances, aurait fait bon marché de l'amour de la patrie, sauvée

par les sacrifices et le sang du peuple. Celle de la
Haute-Alsace, c'est-à-dire du Sundgau, s'était assu-
jettie de bonne heure à la maison d'Autriche et
passa dans les mêmes rapports à la France; celle de
la Basse-Alsace dépendait complètement de l'empereur et de l'empire, et avait conservé son immé-
diateté par la paix de Munster. Pour défendre ses
révoltants et scandaleux priviléges, elle était décidée
à sacrifier le dernier des paysans, dont le travail
seul cependant alimentait ses insatiables plaisirs de
chasse et de luxurieuse débauche; aussi forma-t-elle
une ligue avec la noblesse de la Souabe, de la
Franconie et du Rhin. Louis XIV, à force d'ins-
tances, réussit à la soumettre en 1680; cependant,
elle obtint une cour de justice particulière, dont les
membres étaient choisis dans son sein, et qui fut
appelée *le directoire de la ci-devant noblesse immé-
diate.*

La paix de Westphalie avait garanti aux trois
communions chrétiennes une entière liberté de
conscience et de culte; mais le gouvernement d'alors
croyait à tort que le salut de l'État dépendait de la
persécution de toute religion en désaccord avec la
religion catholique, apostolique et romaine. Les
protestants ne tardèrent pas à goûter les fruits
amers de ce cruel préjugé. Au nom de la religion de
Jésus de Nazareth, de la religion de saint Paul, de
Fénelon, de Pie IX, nous blâmons en passant ces
insensés, ces aveugles ennemis de la liberté de
conscience. Le chancelier Letellier, Louvois, le

P. La Chaise, confesseur de Louis XIV, et madame
de Maintenon ont outragé l'Évangile et appris aux
peuples l'abominable secret de l'ostracisme des
âmes, que l'empire d'Allemagne applique aujourd'hui
dans ses États et en Alsace, au mépris de la justice
et du droit.

L'agriculture éprouva des améliorations nombreuses. On substitua successivement le froment au
seigle. Quelques plantes nouvelles augmentèrent le
rapport des champs et facilitèrent l'entretien des
journaliers, qui n'étaient pas encore attirés dans les
centres industriels par l'appât trompeur des grands
salaires et l'absence complète du contrôle de
l'opinion exercé dans les campagnes sur les mœurs
privées et publiques.

Dès l'an 1620, Robert Konigsmann avait commencé à planter du tabac dans les environs de
Strasbourg. Vers le milieu du dix-septième siècle,
on apprit à connaître la pomme de terre, dont la
culture fit disparaître la famine qui autrefois désolait
si souvent l'Alsace.

La garance, plantée pour la première fois en 1767,
fit convertir les plaines sablonneuses de Haguenau
en terres fertiles, et bientôt les habitants, nés indus-
trieux, donnèrent des soins particuliers à cette
racine précieuse.

On perfectionna aussi la culture de la vigne, et
bientôt il n'y eut plus en Alsace que des espèces de
qualité supérieure, recherchées de toutes parts, et
dont les fruits contribuent à la richesse du pays.

Les arts et les métiers ne demeurèrent pas en arrière; quoique l'industrie fût limitée et entravée par les corps de métier, il y eut toujours des hommes que le génie, l'habileté et le travail appelaient à rendre leur patrie florissante.

Le commerce avec Paris et toutes les autres villes de la France contribua puissamment à former le goût des ouvriers, qui s'efforçaient d'unir l'élégance française à la solidité de la fabrication allemande, ce qui donna aux produits de l'industrie alsacienne une grande valeur.

La transformation des habitudes du pays créa des besoins nouveaux. Le génie alsacien se fit jour; plusieurs inventions importantes appartiennent à cette période.

Jusque-là, les canons avaient été coulés à noyau; Maritz, natif de Berne, inventa à Strasbourg, en 1744, l'art de les forer, en faisant tourner au moyen d'une machine, non pas le foret, mais la pièce. Il en fit le premier essai en présence de Louis XV.

Un joaillier de Strasbourg, nommé Strass, trouva le secret de faire les faux diamants appelés *pierres de stras*.

En 1784 déjà, François Hoffmann, de Haguenau, faisait des essais de stéréotypage; il s'arrêta aux premiers résultats, sans perfectionner son invention.

Parmi les manufactures, celles de tabac occupaient le premier rang; d'une grande ressource pour le pays, elles y attiraient des sommes d'argent considérables. Le tabac de l'Alsace était recherché partout. Le fort engrais qu'exige la culture de cette plante améliora considérablement les terres du Bas-Rhin. Cette culture, très-lucrative, occupant les femmes, les enfants et même les vieillards, contribuait puissamment à la prospérité et au bonheur des familles. Ce ne fut pas sans raison que, postérieurement, l'Alsace fit des réclamations si énergiques contre l'introduction et le maintien du monopole.

Avant la Révolution, l'Alsace, dont l'aisance repose sur l'agriculture, ne possédait qu'un petit nombre de grands établissements industriels, dont les plus remarquables étaient la manufacture d'armes blanches de Klingenthal, les fonderies et les usines dans quelques vallées des Vosges, les fabriques d'indiennes dans la Haute-Alsace. Nous en parlerons dans l'appendice, et nous nous contenterons pour le moment de rappeler à nos lecteurs que les premiers essais de confectionner ces étoffes furent faits à Mulhouse, en 1745, par Jean-Jacques Schmalzer, Samuel Kœchlin et Jean-Henri Dolfus, peintre.

Sous les règnes de Louis XIV et de Louis XV, le commerce de l'Alsace, jouissant de la liberté nécessaire, se trouvait dans l'état le plus florissant. Strasbourg en était le point principal.

L'ancien gouvernement, suivant les sages conseils de Colbert, permettait aux Alsaciens, et notamment aux négociants de Strasbourg, de tirer tous les avantages possibles de leur position et s'efforçait ainsi d'effacer par toutes sortes de concessions la tache des priviléges faite par l'imprudente main de la féodalité.

Un mal héréditaire rongeait alors les entrailles de la patrie, la France pâlissait de jour en jour, quelques accès de fièvre trahissaient cette secrète douleur ; on essayait de tromper cette pauvre malade, comme une jeune phthisique, de lui faire oublier dans quelques friandises la gravité de sa situation ; on reculait devant le remède radical, et on élevait, pièce par pièce, dans l'ombre, sur le terrain d'un égoïsme souverain, cette infernale machine sur laquelle devaient bientôt monter le roi martyr et les Girondins : l'un pour n'avoir pas osé, et les autres pour n'avoir plus pu confondre dans la souveraineté de la nation la liberté et l'autorité du bien, et avoir voulu soumettre trop tard la patrie en délire à ce dangereux et souverain régime auquel son tempérament n'avait pas été préparé.

IV

Notre généreuse patrie est peut-être de tous les pays du monde le plus facile à entraîner au bien et au mal ; elle prête le concours de la reconnaissance à ses prétendus sauveurs.

Au quatorzième siècle, elle était tombée haletante sous les coups d'une triple atteinte : désastres militaires, terreur dans Paris, ravages de la Jacquerie dans les provinces. Elle s'est relevée.

Au quinzième siècle, un roi d'Angleterre a été couronné roi de France à Paris même, et nous savons à quel appel la France s'est réveillée pour rejeter cette pourpre dont on l'avait recouverte comme d'un linceul.

Au seizième siècle, elle a couru les mêmes dangers,

menacée de dissolution par la lutte d'une succession incertaine, par l'or, les armes et les intrigues de l'Espagne, par la domination et la terreur des Seize.

Gloire ou désastre, cîme ou abîme, voilà ce que paraît être la destinée de ce malheureux et généreux peuple, qui semble ne trouver sa vie que dans les extrêmes et la fièvre; sachant haïr, aimer et oser, il porte dans ses entrailles ce germe de la grandeur réelle qui se développera dans la pondération des facultés dont il a été doué.

La France est-elle donc perdue pour avoir, sur le champ de bataille de Sedan, mordu la poussière détrempée du sang de ses enfants, pour être tombée haletante, non vaincue, mais surprise, et jurant sur les cadavres de ses fils de les venger ou de mourir? Est-elle destinée à montrer au monde comment les nations finissent ou se relèvent? Malgré l'ironique complaisance avec laquelle chaque jour la presse salariée par le comte de Bismark chante les funérailles de ce pauvre pays, que les Alsaciens annexés s'obstinent à ne pas oublier, nous espérons !...

A travers cette triste situation, nous découvrons des signes consolants ; les leçons du malheur semblent de plus en plus comprises par les hommes de cœur. Élever et fortifier, ou abaisser et écraser, voilà l'effet de l'adversité sur les âmes fortes ou flétries par la lâcheté.

Aujourd'hui, debout ! Mort à l'indifférence religieuse, politique et sociale, notre plus dangereux ennemi ! Que chacun prenne, dans sa propre âme, part à la régénération de la patrie ! Les mœurs privées et publiques, l'art, la littérature, le théâtre, bref, la vie morale de la patrie, relevée de son abaissement par la restauration des croyances religieuses et la soif de l'idéal, nous aurons vaincu et prouvé une fois de plus ce que peut l'âme de cette pauvre et malheureuse France, revenue à la foi, son ancien pilote.

La photographie intellectuelle et matérielle de toutes les nudités les plus décrépites et les plus bassement abjectes, admirées, polluées de l'âme et du regard dans le domaine de la littérature et de l'art, recherchées par cela seul qu'elles sont dépouillées de tout ce qui ressemble à un voile; la communication de ces monstruosités philosophiques faites à nos savants par ce singe du génie, ce charlatan de l'athéisme, ce vil courtier du matérialisme moderne, cette âme prussienne, ce Buchner autoritaire, criant dans ce porte-voix qui part de Berlin et aboutit à ce sanctuaire du positivisme où M. Littré aurait bien voulu dissoudre dans quelque creuset son âme indissoluble; le respect humain, ce ver rongeur qui nous mine et laisse notre âme inquiète et troublée dans une passivité lâche et coupable; l'égoïsme, germe de tous nos maux privés et publics, de nos querelles intestines les plus variées et de ces hécatombes multipliées, négations écrasantes de la civilisation, de toutes les

turpitudes du foyer et de toutes les monstruosités sociales, bref, de tous nos crimes envers Dieu, notre propre âme et l'humanité; la haine du prêtre, qui n'est que la haine du Christ, c'est-à-dire la haine du sacrifice de notre cœur et de nos passions, demandé par l'Évangile sous mille formes diverses; l'hydre du scepticisme, réchauffée dans le sein de notre société, couverte comme un vil crapaud de ces génies-pustules distillant le matérialisme qui infecte les esprits et pourrit les cœurs; toute cette hotte de prostitutions morales et matérielles; criminel et scandaleux testament du dixhuitième siècle, que Voltaire et ses sectaires ont recouvert du sceau de leur cœur pourri et signé de leur esprit méchant, sera jetée à fond de cale. Alors le pavillon de la vraie France, qui ne saurait être que le drapeau de l'honneur et de la vertu, surmontera le mât de ce vieux navire gaulois, qui, les voiles gonflées du vent de la liberté, abordera enfin, à travers tous les écueils fumant encore de sang et de pétrole, à cette terre promise où la grandeur est synonyme de vertu, où l'esprit de liberté, de fraternité et d'égalité, qui n'est que l'esprit de la croix, régira tous les cœurs, où la plaie du prolétariat sera cautérisée, et où l'aristocratie de naissance, d'argent, de position et d'intelligence disparaîtra comme une ombre; alors la verge dont Dieu s'est servi pour nous ramener à lui se brisera, pour réaliser une fois de plus ces paroles de la Sainte Écriture :
« *Quos perdere vult dementat.* »

Sachons concilier la religion et la philosophie, non pas au moyen d'une mutuelle et dédaigneuse tolérance, mais en montrant que le christianisme est l'achèvement de la philosophie et que la révélation est la perfection même de la raison. Sommes-nous réduits à choisir entre l'indifférence de Montaigne et le désespoir de Pascal, jetant au pied de la croix la raison humiliée et vaincue? Non, amis; nous sommes chrétiens. Pour nous, cette force dédaignée des dévots et des sceptiques est le don le plus grand que Dieu nous ait fait; c'est l'œuvre divine par excellence, c'est le secret de la création. Nous sommes convaincus que la vérité est la fin de notre être et qu'une seule route y mène, celle où nous guident comme deux sœurs la révélation et la raison. Toute doctrine qui attaque l'intelligence, a dit un grand esprit de notre siècle, attaque Dieu et le christianisme : Dieu, qui nous a créés à son image, c'est-à-dire qui nous a faits raisonnables; le christianisme, qui n'a plus de base dès qu'au nom de la religion on condamne l'esprit humain à une incertitude invincible, et qu'on abandonne aux incrédules la seule clarté qui nous permet ici-bas de deviner le ciel.

Glorifions-nous donc d'être chrétiens, parce que le christianisme agrandit, fortifie, exalte notre raison; il nous donnera la force, le courage et les moyens de montrer au monde comment une nation se relève, se reconnaît et se jette, en vraie mère, sur la troupe de bohémiens qui, un soir, l'ont guettée, assaillie, garrottée, pour lui voler son enfant. Si nous ne pouvions être chrétiens qu'en renonçant à notre jugement, nous n'hésiterions pas dans notre choix. Non, le christianisme ne déclare pas la guerre à la raison ; il est un avec elle, et lui a été donné comme un guide et comme un ami.

L'homme n'est pas un ressort de machine, qui n'a de valeur que par sa place et sa fonction dans l'ensemble ; ce n'est pas un moyen, mais un but ; sa fin est en lui-même, et non dans la société.

Le matérialisme n'est pas seulement une erreur religieuse ; c'est une erreur sociale, c'est la négation du droit ; en même temps qu'il dégrade l'homme intérieur, il prépare son asservissement et le livre sans défense, esclave, à un maître, citoyen, à un tyran.

C'était le 30 mai 1778 qu'on le portait en terre à Paris. La puissance et l'élasticité de son génie avait tout saisi, tout entrelacé, tout souillé. Le prêtre n'était pas là pour jeter les trois pelletées de terre sur le cercueil et dire la plus sublime et la plus poétique des prières, que vous ne pouvez comprendre, apprécier et admirer qu'après l'avoir entendue au bord d'un tombeau dans lequel vous sentez descendre votre âme. C'en était fait ; mais, les amis partis, il sortit de dessous cette bière quelque chose de profondément répugnant, forme d'une atrocité nouvelle ; cette monstruosité frissonna et s'envola, crispée, plana sur Berlin en poussant un cri horrible, et se dirigea vers l'Occident, où elle s'abattit, lourde et infecte.

Depuis lors,. l'Occident et l'âme de la France surtout sont restés malades. Notre patrie a pratiqué les paroles de Voltaire; mais, au lieu de connaître la vérité et d'aller par la vérité à la liberté, comme le disait saint Jean : « *Cognoscetis veritatem et veritas liberabit vos, si manscritis in sermone meo,* » elle n'a connu que la vie de l'égoïsme, préparée, exaltée adroitement par les philosophes ennemis de Dieu, et la jouissance qui l'a conduite, à travers les rires, des ruines de la famille à la grande ruine de la patrie et aux effroyables tueries de la Commune, tant il est vrai que les philosophes perdent ou sauvent une nation ! Ils jettent les fondements sur lesquels les hommes politiques, les économistes, les socialistes et les moralistes viennent asseoir leurs systèmes. Voltaire et ses disciples ont jeté les fondements de la Commune. Qu'ils soient maudits !

Ne nous décourageons pas. Nous avons marché dans les ténèbres, entrecoupées plusieurs fois par un éclair suivi d'un formidable coup de tonnerre, c'est-à-dire de canon, dans la centralisation, essence même de la tyrannie, dans l'isolement, dans la haine et dans le sang. Nous vivons dans un temps où la lumière commence. Toutes ces choses aujourd'hui sont connues et vont devenir populaires. La spoliation est connue aussi, pénétrée dans tous ses replis, et mise au jour dans toutes ses méthodes, directe ou indirecte. Les efforts des hommes de cœur détruiront dans le monde entier cet abominable règne du vol et chasseront les hommes de proie, peut-être plus coupables par ignorance que par perversité, car ils ne savent pas ce qu'ils font.

Oh! quel immense progrès social s'accomplira par l'abolition du vol, cet infernal ennemi de l'humanité! Quelle admirable régénération sociale s'opérera par l'abolition du meurtre sur le champ de bataille, dans la vie privée et sur l'échafaud! Abolir le meurtre et le vol moral et matériel : les esprits justes et les cœurs droits ne demandent pas autre chose pour sauver le monde. Ah! que notre patrie sera belle alors !

Vieillard, jeune homme, homme politique, humble artisan, académicien, simple paysan, vous ne croyez plus au but, à la marche, au progrès, au vrai triomphe; vous assassinez cette France qui, blessée, a passé à travers les plus épouvantables fourches caudines, laissant derrière elle des otages, et défiant la haine, l'avidité de la Prusse, et la jalousie ou l'indifférence de l'Europe : voilà le plus grand, le plus écrasant de nos maux. Eh bien! votre découragement, sur la hausse duquel spécule l'habile M. de Bismark, ne nous découragera pas, nous autres, amis de la justice et de la grande et sainte révolution pacifique de l'Église de Jésus-Christ, et surtout de la liberté telle que l'entendaient Platon, Cicéron, saint Paul, saint Thomas, les martyrs de 89, et les R. P. Lacordaire et Gratry. Nous vous réveillerons demain, ce soir peut-être, ô amis aveugles et endormis! Sachez que nous sommes à l'aurore d'une ère nouvelle; ce sera la troisième. Les longs et pénibles

efforts de l'esprit de liberté, de fraternité et d'égalité
en Dieu et notre âme, c'est-à-dire de l'esprit du
Christ; la lutte de plus de mille ans du vol et du
meurtre sous toutes les formes, dans toutes les
proportions et sous tous les prétextes, contre la
doctrine de ce juif, de ce factieux intrépide, de ce
divin révolutionnaire qui a osé dire, en plein empire
romain, qu'il fallait aimer son prochain autant que
soi-même et rendre le bien pour le mal; puis enfin
le grand travail du nivellement des classes; toutes
ces données de Dieu, toutes ces aspirations de
l'homme vont aboutir; l'on n'a pas le droit d'en
douter. Nous n'errerons plus dans la nuit, au hasard,
comme aujourd'hui; nous serons en plein midi,
dans la vraie voie; nous verrons le but. La fièvre
qui nous agite se terminera par le calme, la joie, la
paix et la fécondation. Malheur à vous si vous ne
croyez pas à ces choses! Vos fils les verront.

Écoutez encore ceci :

Arrivé un jour près de Bethphagée et de Béthanie,
au pied de la montagne appelée alors des Oliviers,
Jésus de Nazareth dit à quelques-uns de ses douze
amis : « Allez à la bourgade qui est devant vous, un
ânon y est attaché, personne ne l'a jamais monté,
emmenez-le; vous direz : « Le Fils de l'homme,
» notre ami, en a besoin. » Jésus monta sur l'ânon,
et lorsqu'il fut proche de la ville, il sentit son cœur
éclater de douleur; il lui semblait qu'en ce moment
l'amour de sa patrie débordait en son âme comme
une mer immense qui a rompu ses digues; il pleu-

rait; puis, les entrecoupant de sanglots navrants, il parvint à prononcer ces paroles : « O patrie chérie, ils te détruiront entièrement, ils écraseront tes enfants, ils t'enfermeront et t'environneront de tranchées !... Ah ! si tu avais reconnu les choses qui regardent ta paix et ta liberté ! »

Eh bien ! divin Nazaréen, toi qui nous a appris à aimer la patrie, les hommes et la liberté, ramènes-nous à la lumière, à la bonne volonté, à la joie de l'effort commun dans le devoir. Le devoir ne peut pas tromper. Conduis donc au port ce malheureux et cher navire gaulois que tu as lancé et qui, depuis 1789, a toujours flotté au large; ce retard fait souffrir l'Europe et le monde entier.

Alors, plus de vol, plus de meurtre, plus de canon, plus d'échafaud, plus d'Alsace-Lorraine martyre servant de marchepied à l'ambition la plus brutale !

> Reprends ton orgueil,
> Ma noble Patrie !
> Quitte enfin ton deuil,
> Liberté chérie.
> Liberté, Patrie,
> Sortez du cercueil !...
>
> Et vous, peuples si fiers du trépas de nos braves,
> Vous, les témoins de notre deuil,
> Ne croyez pas, dans votre orgueil,
> Que, pour être vaincus, les Français soient esclaves;
> Gardez-vous d'irriter nos vengeurs à venir;
> Peut-être que le ciel, lassé de nous punir,
> Seconderait notre courage,
> Et qu'un autre Germanicus
> Irait demander compte aux Germains d'un autre âge
> De la défaite de Varus !

(CASIMIR DELAVIGNE, Messéniennes.)

FIN

FIN DE LA TABLE

AVIS

—

Pour faire suite à cet ouvrage nous publierons

HISTOIRE

DES ANCIENNES

VILLES IMPÉRIALES D'ALSACE

accompagnée de notes sur la topographie
et la situation agricole et industrielle de cette province

PAR

Frédéric HAAS

ancien avocat à la cour de Colmar (Haut-Rhin)

Magny-en-Vexin (Seine-et-Oise). — Imprimerie O. Petit.

9 782019 913823